W0228981

TATSACHEN

Nr. 44

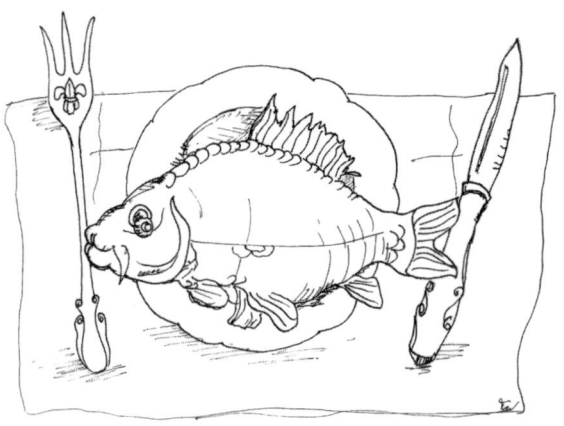

Sylvia Weigelt / Rainer Hohberg

Fässleseecher
Arten und Unarten
der Thüringer

TAUCHAER VERLAG

Illustrationen von Tim Weigelt
Abbildung Schutzumschlag von Cartoonist Egon

Weigelt, Sylvia / Hohberg, Rainer:
Fässleseecher – Arten und Unarten der Thüringer/
Sylvia Weigelt/ Rainer Hohberg
1. Aufl. - [Taucha]: Tauchaer Verlag, 2009
ISBN 978-3-89772-170-8

© 2009 by Tauchaer Verlag
Gestaltung: Hans-Jörg Sittauer
Herstellung:
Neumann & Nürnberger Leipzig GmbH
Satz: Tauchaer Verlag
Druck und Verarbeitung: Westermann Druck Zwickau
ISBN 978-3-89772-170-8

Inhalt

Vorwort

ALS DIE SPÄTEREN Thüringer erstmals den Sachsen über den Weg liefen, so berichtet eine Sage, nannten diese sie Törlinge, weil sie sich im Kampf allzu töricht anstellten. Falls es diesen Spottnamen tatsächlich gegeben hat – er ist längst vergessen. Wir einstigen Törlinge, inzwischen zu Thüringern geworden, tragen unseren Namen selbstredend mit Stolz. Solchen Wandlungen kann man auch gegenwärtig noch begegnen. So gestand uns vor kurzem eine junge Frau aus Bleicherode, sie verstehe sich zwar als Europäerin, auch als Deutsche und Thüringerin, in erster Linie aber fühle sie sich als Schneckenhengst. Ursprünglich als Spottname für die Bleicheröder gedacht, wird dieser Name heute offenkundig gern getragen und vermittelt Identität. Dabei ist ein Bleicheröder Schneckenhengst nichts anderes als anderswo die Puffbohne, Fettgusche oder der Fässleseecher – eben ein Neckname, wie ihn zahlreiche Bewohner in Thüringen, wie auch in anderen Regionen, von ihren lieben Nachbarn verpasst bekamen.

Necknamen bezeugen nicht nur Witz und Spottlust der Wortschöpfer, sie verweisen auch auf einst charakteristische Eigenheiten der Namentäger, auf oft vergessene Schicksale der Orte oder auf spektakuläre Ereignisse vergangener Zeit. Bärenjäger, Elefantenkitzler, Kümmeltürken – schier endlos scheinen die Schöpfungen, wenn es darum geht, andere auf die Schippe zu nehmen. Oft ist es ein markantes Ereignis oder eine (für die anderen) lustige Geschichte, die hinter den Spottnamen steht, wie etwa bei den Elefantenkitzlern von Niederroßla, den Karpfenpfeifern von

Zeulenroda oder den Mondspritzern von Wurmbach. Fiel diese Geschichte auf fruchtbaren Boden, wurde sie weiter erzählt, wodurch mitunter Bewohner verschiedener Orte gleiche oder ähnliche Spitznamen tragen. Manchmal war dem spottlustigen Umfeld jeder Anlass recht, die Nachbarn zu necken und ihnen gleich mehrere Spottnamen zu verpassen. So wurden die Großbreitenbacher wegen ihres ausgeprägten Dialekts nicht nur als Anemanzen, Firnsenharndch und Hübnadübna gehänselt. Sie sind auch Brotsäcke und Gelberüben, weil sie oft Brot und Rüben aßen. Wegen ihrer bevorzugten Kopfbedeckung werden sie zudem als Strohhüte und wegen ihres Wanderhandels mit Olitäten als Balsamträger geneckt. Andernorts wurde man durch seine Arbeit zum Fässleseecher (Lobenstein), Zwirnscheißer (Friedrichroda) oder Schwartenrutscher (Ziegenrück). Auch die Lage eines Ortes oder sein Klima konnten Quelle des Spotts sein. So kamen die Orlamünder Sandhasen, die Grundfüchse von Engerda oder die Schneebüller in Ruhla zu ihren Necknamen. Nahezu unerschöpflich sind die Neckereien, die auf den Anbau bestimmter Kulturen zurückgehen, wie Kümmeltürken (Felchta), Dilltapper (Ifta) oder Bornkerschschisser (Stockhausen). Auch auffällige Kleidung – Knackärsche (Trebra), Sockentratscher (Bachfeld) – oder besonderer Körperbau – Spitzköppe (Mihla), Pratschenbeine (Gebersdorf) – wurden bespöttelt. Gern nahmen Nachbarn charakterliche Eigenheiten aufs Korn (Kümmelspalter/Falken, Lospappen/Schwarzburg), wobei die Ess- und Trinkgewohnheiten besonders beliebt waren (Gschwenger Dach-un-Nachtfrasser/Geschwenda).

Die vorwiegend mündlich weitergegebenen Necknamen bezeugen eine sprudelnde Phantasie der Thüringer. Obgleich über die Zeit immer wieder verändert und neuen Gegebenheiten angepasst, gelten sie als »lebendig gebliebene Geschichtsquellen«. Zugleich lässt sich, wie das Bekenntnis der jungen Frau aus Bleicherode zeigt, ein aktueller Trend ausmachen: Die ursprünglich meist abfällig gemeinten, häufig sogar zu Prügeleien anregenden Necknamen werden nun von ihren Trägern wieder aufgenommen und ins lokale oder persönliche Selbstbild integriert. Sie begründen auf diese Weise neue Traditionen, ja, sie geben ihren Trägern in diesem großen Europa eine ureigene Identität. Das geschieht selbst mit so drastischen Bezeichnungen wie den Leckärschen in Kranichfeld. Hier bekommt man nämlich für besondere Verdienste um die Stadt vom Bürgermeister höchstpersönlich die Leckarsch-Medaille verliehen – nicht als Karnevalsscherz, sondern als durchaus ernst zu nehmende Auszeichnung. Spott-, Spitz- und Necknamen werden in Denkmälern verewigt, prägen örtliche Feste oder spielen bei den Schlachtrufen während der Faschingszeit eine Rolle. Sportvereine, Musikbands, sogar Kindergärten sind nach ihnen benannt. Selbst im Internet oder auf LAN-Partys feiert manch historischer Neckname als cooler Nickname fröhliche Auferstehung.

Neue Orts- oder Einwohnernecknamen bilden sich kaum noch. Das heißt sicher nicht, dass den Leuten die Lust am Lästern vergangen ist. Mit der gewachsenen Mobilität scheint eine neue Phase der Necknamengebung eingeläutet. Inzwischen sind Autokennzeichen Anlass für die offensichtlich beliebten Spottnamen. Diese entstehen nicht mehr beim ländlichen Kirmestanz oder bei Marktbesuchen, sondern im Stress des alltäglichen Straßenverkehrs. Sie beziehen sich nicht auf den einzelnen Ort, sondern auf die Bewohner einer Region, meist eines Landkreises und dessen mehr oder weniger zufällige Buchstabenkombination auf dem Autokennzeichen. Sie sind quasi die moderne Fortsetzung der Neckereien von Ort zu Ort.

Wir haben uns auf den Weg gemacht und inzwischen weit über 300 Necknamen gesammelt, haben den Geschichten, die hinter solcherlei Namen stehen, nachgespürt und auch gefragt, wie gehen die Thüringer heute damit um, wie lebendig sind die alten Necknamen noch. Allen, die uns dabei mit Hinweisen und Informationen unterstützt haben, danken wir sehr herzlich! Auch wenn für dieses Büchlein nur eine begrenzte Auswahl an Necknamen und den dazu gehörenden Geschichten aufgenommen werden konnte, so hoffen wir doch, Ihnen, verehrte Lesegemeinde, damit ein Stückchen der noch immer lebendigen Vergangenheit auf unterhaltsame Weise nahe zu bringen. Und wenn Sie im Auto demnächst einen Eingebildeten Fatzken (EF) aus der Landeshauptstadt sehen, dann denken Sie vielleicht daran, dass er vor seinem Aufstieg zur Puffbohne der bedauernswerten Kategorie der Krebsfresser angehörte. Ist das kein Schmunzeln wert?

PS: Für Anregungen und weitere Informationen zu gegenwärtigen und vergangenen Ortsneckereien stoßen Sie bei uns auf offene Ohren.

Sylvia Weigelt und Rainer Hohberg

Ger'sche Guschen küssen nicht

WER SICH ZWISCHEN Roschütz und Debschitz, Laasen und Lusan erkundigt, warum die Geraer Fettguschen genannt werden, muss sich auf mancherlei gefasst machen. Der eine Angesprochene zuckt ratlos mit den Achseln. Dafür springen ungefragt drei andere ein, die es einem genau erklären. Allerdings jeder anders. Die kürzeste Antwort war, dass hier in Gera die erste Fettbemme der Welt geschmiert worden sei. Die meisten meinen indes, dass der Spitzname von der – um es höflich zu sagen – Vorliebe der Geraer für gutes und kräftiges Essen herrühre. Höflich sagt man es allerdings selten. Fress-und-Sauf-Gehre heißt bekanntlich der zweite Spottname der Stadt. Neben Fettguschengere sind auch Bezeichnungen wie Biergere und Fressgere verbreitet. Woher kommen derlei Begriffe, woher rührt der derbe Ton? Haben die Geraer dereinst so viel üppiger als anderswo den leiblichen Genüssen zugesprochen?

Zumindest scheint es aus Sicht der Nachbarn so gewesen zu sein. Diese Namen sind nicht in Gera selbst, sondern im Umland der Stadt erdacht worden. Vor allem die humorvollen Bewohner des Holzlandes sollen dahinter stecken. Um sich »einen Groschen« zu verdienen, kamen die Holzländer früher als Händler, Handwerker oder Dienstboten gern nach Gera. Das war in Zeiten der blühenden Textilindustrie eine ausgesprochen wohlhabende Stadt. Prächtige Bürgerhäuser und Villen zeugen davon bis heute. Auch die berühmten Geraer Höhler, ausgedehnte Keller zur Lagerung des Bieres, mögen so manchen in Erstaunen versetzt haben – was für ein Aufwand allein für die Lagerung des lieben Gerstensaftes! Den armen Holzländern jedenfalls mag die schöne Stadt am Elsterstrand wie ein Schlaraffenland erschienen sein, wo auch die Faulen trefflich Fettlebe machen konnten. Dieser Zustand wird seither »Gersche Krankheit« genannt und folgendermaßen beschrieben: »'s Essen schmeckt mer, 's Trinken schmeckt mer, egal miede, keene Lust zur Arbeit, un där Dooorscht!«

Daneben ist auch die Ansicht verbreitet, dass der alte Kosename auf das Sprechorgan der Geraer zielt, ihre »grussen Guschen oder Bebben«, und auf ihren »eenzardchen Diäleggd«. Wunderschöne Ausdrücke wie quaddern, kusen, babsen, die kaum in eine andere Sprache der Welt zu übersetzen sind, kennt dieser Dialekt. Typisch ist es, an »ich« und »du«, wenn diese Wörter alleine stehen, ein neckisches »e« anzuhängen: »Iche?« – »Nee, due?« Die heute bekanntesten Fettguschen der Stadt dürften die von Verena und Volker Wendt geschaffenen Holzplastiken in der Florian-Geyer-Straße sein. Es ist oft darüber gestritten worden, was die beiden Rundguschen eigentlich tun: Reden oder essen sie? Also reden bestimmt nicht! Ein richtig »rundes« o, ö, u oder ü bekommen waschechte Gersche nämlich gar nicht über die Lippen, wie es der Geraer Dichter Hermann Lubold alias Peter Boll so schön beschrieben hat: »… nich emol bei'n hibschesden Sachen griechmer die Gusche rund: mer küssen nich, mer kissen, indem mer unsere Lefzen wie ä Gummiband breed ziehn.«

Mit den Fettguschen verwandt, aber sehr viel einfacher zu erklären, ist der alte Spitzname der Hildburghäuser (HBN). Die Bewohner von Themar (HBN) sollen ihn für ihre Nachbarn ersonnen haben: Speckschwarten. Man erzählt, dass sich die Hildburghäuser früher auf der Straße gern mit fettglänzenden Lippen zeigten, um den Eindruck zu erwecken, gerade ein üppiges Mahl verdrückt zu haben. Doch in Wirklichkeit waren sie zumeist arme Schlucker. Sie spielten die Fettguschen nur, indem sie ihre Lippen mit Speckschwarte auf Hochglanz brachten.

Andere entfernte Verwandte der Ger'schen scheinen die Sonneberger (SON) zu sein, denn für die Bewohner der einstigen Metropole der Spielzeugindustrie hält sich neben dem alten Namen Sumbarcher Säu hartnäckig die Bezeichnung Sumbarcher Frasser. Auch hier ist sicher Ironie im Spiel, galt doch die Sonneberger Region eher als Armenhaus, denn als Landstrich von Wohlstand und Völlerei. Doch sollen nach der Aufzeichnung des Wirtes einer Sonneberger Gastwirtschaft um 1900 einmal von einem Mann 1/2 Pfund Wurst, 2 Kuhkäse, 2 Heringe, 2 1/2 Pfund rohes Sauerkraut, 22 Glas Bier und 23 Schnäpse auf einem Ritt verzehrt worden sein. Für diese Rekordleistung, sollte sie wirklich erbracht worden sein, gibt es nur eine Erklärung: Jener Sumbarcher Frasser muss verdammt arm und ausgehungert gewesen sein. Das sind die heutigen Sonneberger gewiss nicht mehr. Sie haben sich deshalb nach eigenem Bekunden zu Feinschmeckern der regionalen Küche gemausert, spezialisiert auf die geheiligte Thüringer Dreieinigkeit von Rostbrätel, Bratwurst und Klößen.

Besenkeppe und Weidenmänner

»BIN ICH NICHT ein Besenbinder! Hab ich nicht acht hübsche Kinder! Und ne Frau vor der mir's graut, wenn sie so verdrießlich schaut!« – Mit diesem vergnüglichen Liedchen mag manches Thüringer Kind aufgewachsen sein, war doch das Handwerk des Besenbindens hier noch bis in die 50er Jahre des 20. Jahrhunderts weit verbreitet. Besenbinder besaßen kaum etwas, hatten dafür aber oft viele Kinder. Das konnte Freude sein, war jedoch auch mit mancher Mühe vor allem für die Mutter verbunden. Wundert's, wenn die dann »verdrießlich« schaute?

Das Besenbinden war häufig notwendiger Neben-erwerb für die Leute in ärmeren Gemeinden. Und weil es deren in Thüringen, wie überall in Deutsch-land, viele gab, wurden die Bewohner zahlreicher Orte von ihren Nachbarn gern mit diesem vermeint-lich ärmlichen Handwerk geneckt. So kannte man die Bewohner von Unterweißbach (SOK) und Wickers-dorf (SLF) ebenso wie die von Suhl-Albrechts und Hinternah (SHL) als Besenbinder, die aus Lichte (SLF) als Besenfrüchte. Weidenmänner hießen die Lauch-röder (WAK), Heckenbinder die Oberschöblinger (SOK). Auch wenn die Besenkeppe von Bernterode (EIC) tatsächlich, wie auch die Bebendorfer (EIC), Basenbinger waren, sind ihre Nachbarn nicht so si-cher, ob der Neckname nicht auch auf ihr kratzbürsti-ges Wesen zielte.

Für das Besenbinden brauchte man keine Lehre oder Erlaubnis; jeder, der sich darauf verstand, durfte Besen binden und verkaufen. Zumeist wurden einjährige Birken oder im Winter geerntete Weidenruten auf Länge geschnitten und mit einer biegsamen Weiden- oder Haselrute, später auch Draht, fest zusammengezurrt. Zum Schluss steckte man in die Mitte des Bündels einen geschälten Buchen- oder Eschenstock als Stiel. War der Besen abgenutzt, verschwand er im Ofen und machte Platz für einen neuen, der bekanntlich besser kehrt als der alte.

Lange Zeit waren der Neckname und das dazugehörige Handwerk auch im Thüringischen vergessen. Dabei galt Besenbinden durchaus nicht als ehrenrührig, erforderte es doch Geschick und nährte seinen Mann. Heute scheint sich das Handwerk in Thüringen und anderswo auf Mittelaltermärkten und als touristische Attraktion wieder zu etablieren. In Suhl-Albrechts, einer alten Besenbinder-Gemeinde, kann man sogar im »Besenbinder Bistro« einkehren. In Franken (Röttenbach, Riedenburg) setzt man mit den Karnevalsverein »Besenbinder« eher auf die närrische Zeit, in der mancher dann die Redewendung »Saufen wie ein Besenbinder« vielleicht neu belebt. Doch Besenbinder waren vor allem wegen ihres Fleißes und ihrer Besonnenheit geachtet, sie fanden sogar Eingang in die Literatur. Im Volksmärchen sind sie kluge Gesellen des Königs, im Schauspiel witzig und selbstbewusst oder lebensfroh umtriebig. Und was wäre Goethes »Zauberlehrling« ohne seinen berühmten Besen, vermutlich von der Hand eines der einst zahlreichen thüringischen Besenbinders gebunden.

Die Rache der
Isenächer Töpfeschisser

SCHNEEBULLER. DIESER MERKWÜRDIGE Spitzname, den die Bewohner des schönen Bergstädtchens Ruhla seit langem tragen, wird außerhalb Thüringens leicht missverstanden. Denn bullern bezeichnet anderswo in deutschen Landen ein dumpf dröhnendes Geräusch. Da bullert das Feuer im Ofen, oder man kann kräftig ans Fenster des Nachbarn bullern. Letzteres wäre in Thüringen höchst unanständig. Hier, wo das p wie Paula fast immer als b wie Bertha aus dem Mund rutscht, bullern nämlich Kinder in die Hosen und in einigen Gegenden heißt »mech bullert's« nichts anderes als »ich muss mal«. Der Spitzname Schneebuller rührt demzufolge nicht von dumpf dröhnenden Schneelawinen her, sondern von der den Ruhlaern nachgesagten Art des winterlichen Wasserlassens.

Einem Wasser hat die Stadt auch ihren amtlichen Namen zu verdanken. Ruhla soll sich von »Rolla« ableiten, der alten Bezeichnung jenes Baches, in dessen engem Tal sich der Ort bis auf 530 Meter Höhe zum Rennsteig hinaufzieht. Das Stadtwappen zeigt den sagenhaften Schmied von Ruhla, der einst gegenüber der Obrigkeit eine mutige Lippe riskierte. Seither gelten die Ruhlaer als Völkchen, das nicht auf den Mund gefallen ist. Die Einheimischen nennen sich Ruhler oder auch Rühler. Rühlsche genannt zu werden, mögen sie hingegen nicht. Und auch die Bezeichnung Schneebuller ist in der Ruhl, wo man »spaoßich Geschichterche« ansonsten sehr mag, nicht sonderlich beliebt. Wie ist sie eigentlich entstanden?

Zu jener Zeit, als das Wasserklosett noch nicht erfunden war, hatten einige Ruhlaer geschäftlich in der benachbarten Residenzstadt Eisenach zu tun. In der Eisenacher Westvorstadt, genannt der Stiegk, überkam einen Rühler der Drang, seine Notdurft zu verrichten. Er klopfte an und wurde freundlich eingelassen. Und kam aus dem Staunen nicht heraus. Während die ländlichen Ruhlaer Häuser Aborte mit zugehöriger Grube besaßen, liefen die Geschäfte in Eisenach völlig anders. So bot man dem Mann zunächst einen jener kunterbunt bemalten Töpfe an, auf denen die Stadtmenschen dazumal gern ihre Notdurft verrichteten. Da er ablehnte, führte man ihn zu einem Abort, der statt einer Grube jedoch nur eine kleine blecherne Tonne besaß, die, wie man erklärte, aus Gründen der Reinlichkeit alle paar Wochen mit einem speziellen Wagen abgefahren wurde. Als der brave Mann, glücklich erleichtert, all dies seinen Landsleuten berichtete, brachen sie in helles Gelächter aus. Spottlustig und rauh, wie die Rühler eben sind, warf einer ein Wort in die Runde, das sich wenig später in Ruhla und Umgebung wie ein Lauffeuer verbreitete: Isenächer Töpfeschisser. Die Isenächer aber und insbesondere die Stiegker, ebenfalls für scharfen Witz und spitze Zungen bekannt, wollten den Schimpf nicht auf sich sitzen lassen und gaben's mit gleicher Münze zurück. Man nahm auf's Korn, dass die Winter in der bergigen Ruhl viel länger als in Eisenach dauern und man dort droben bei Wald- und anderen Arbeiten seine Notdurft oft bei Eis und Schnee im Freien verrichten musste. So also sollen die Rühler und Isenächer zu ihren Spitznamen gekommen sein.

Als Schneebuller werden übrigens auch die Leute aus Steinach (WAK), einem jenseits des Rennsteigs gelegenen Nachbarort von Ruhla, bezeichnet. Dort geht man indes recht locker mit der neckischen Bezeichnung um. Hier gibt es inzwischen eine Fußballmannschaft, die sich witzig-selbstironisch »Steimicher Schneebuller« nennt. Zum deftigen Eisenacher Spitznamen gibt es ebenfalls Vergleichbares. So wurden die Buttelstedter (AP) und Ilmenauer (IK) als Scheißtöpfe, die Bewohner des Residenzortes Gehren (IK) als Scheiß- oder Rotztöpfe bezeichnet. Ebenso die Meininger (SM), bei denen der alte Name in Gestalt der »Mäninger Töpfeschisser«, einer Mountainbike-Mannschaft, unlängst fröhliche Auferstehung gefeiert hat.

Wo die Schneckenhengste
zu Hause sind

ZWISCHEN EICHSFELDER TOR und der alten Heer-
straße durch das Bodetal, zwischen Harz und Hain-
leite gelegen, stand die 1130 erstmals erwähnte Stadt
Bleicherode (NDH) einst mannigfaltigem Gewerbe
offen. Der erste Namensteil ist wohl als Hinweis auf
die hier schon im Mittelalter verbreitete Herstellung
von Leinen zu deuten. Denn der ursprünglich grau-
gelbe Flachs wurde großflächig zum Trocknen ausge-
legt und dabei auf natürliche Weise gebleicht. Die
Leinenweberei war das dominierende Gewerbe der
Stadt, erst seit 1899 wurde Kalibergbau betrieben.
Doch die Bleicheröder wussten auch andere natürliche Gegebenheiten zu nutzen. Damit gelangten sie
nicht nur zu Wohlstand, sondern auch zu dem schönen Necknamen Schneckenhengste Und das kam so:

Während des 30-jährigen Krieges wurde die Stadt
durch Plünderungen und einen verheerenden Brand
fast völlig zerstört. Es gab kaum etwas, womit man
den Lebensunterhalt sichern konnte. In dieser Not
besannen sich die Bewohner darauf, dass sich in den
verwilderten Weinbergen an den Hängen der Bleicheröder Berge jede Menge Weinbergschnecken tummel-
te, und sie beschlossen, die Schnecken zu züchten und
zu verkaufen. Als das Umland von dieser neuen Ein-
nahmequelle erfuhr, war der Neckname Schneckenhengste schnell gefunden. Bald schon war auch eine
entsprechende Sage im Umlauf:

Als die Not am größten war, zog gerade ein Händler durch Bleicherode. Er berichtete, auf dem Markt

zu Leipzig würden ebendiese Weinbergschnecken für gutes Geld nach Frankreich verkauft. Warum also nicht aus der Not eine Tugend machen und auch ihre Schnecken nach Leipzig bringen? Gedacht, getan! Im späten Herbst, als sich die Schnecken zum Winterschlaf in ihre Häuser verkrochen, sammelte ein wagemutiger Bleicheröder so viele davon, wie er nur finden konnte, brachte sie nach Leipzig und verkaufte sie tatsächlich für gutes Geld. Die Kunde von seinem Erfolg eilte durchs Städtchen, und nun wurden tausende von Weinbergschnecken gesammelt und zum Verkauf nach Leipzig gebracht. Trotz des guten Geschäfts, das ein jeder machte, gab es doch einen, der mit dem Erlös nicht zufrieden war. Weshalb nicht zweimal im Jahr nach Leipzig fahren und Geld verdienen, dachte der sich, Schnecken gab es ja genug! Also fuhr er ein zweites Mal in die Messestadt. Das ging auch eine Weile gut. Einmal aber, als der geschäftstüchtige Händler im zeitigen Frühjahr erneut ein zweites Mal auf dem Weg nach Leipzig war, erlebte er unterwegs eine böse Überraschung. Das Wetter schlug um, die Frühlingssonne brach durch die Wolken und erwärmte seine kostbare Ladung. Aus ihrem Winterschlaf erweckt, kroch die erste Schnecke aus ihrem Winterhäuschen heraus und bald schon krabbelte es in allen Kisten. Der bestürzte Händler musste zusehen, wie seine Ladung lebendig wurde. Damit war kein Geschäft mehr zu machen; diese Schnecken würde keiner kaufen! Schweren Herzens schüttete er die Tiere in den Graben und machte sich auf den Heimweg. Weil er aber ein Geizhals war, gönnten ihm die anderen sein Missgeschick, und die Kunde davon verbreitete sich schneller, als die Schnecken krabbeln konnten. Seitdem werden die Bleicheröder als Schneckenhengste geneckt.

Die Bleicheröder von heute sind stolz auf ihren Beinamen, zeugt er doch vom Erfindungsgeist ihrer Vorfahren. So trägt das Schullandheim den Namen »Schneckenhengst Bleicherode«. Und nicht nur zur Faschingszeit stärkt der »Bleicheröder Schneckenhengst« als »Nationalhymne der Narren« ihr Selbstbewusstsein, denn »ein Bleicheröder Schneckenhengst weiß immer was er will«. Begegnen sich aber zwei Bleicheröder in der Fremde, geben sie sich einander beglückt als Schneckenhengste zu erkennen und haben damit schon ihre erste Gemeinschaft gefunden. Dass der Ritter mit dem Hirschgeweih im Wappen der Stadt ursprünglich gar nichts mit dem Schneckenhengst zu tun hatte, will da kaum noch einer wissen.

Wenn Hammelsack'scher Fleiß nicht wär ...

HEUTE TRÄGT JEDER Jeans und T-Shirt, ob Hochschullehrer oder Schlosser, ob Dorf- oder Stadtbewohner, ob Männlein oder Weiblein, zumindest in der Freizeit. Es gibt kaum äußere Kennzeichen, an denen die Zugehörigkeit zu einem Berufsstand und zu einer Volksgruppe oder die Herkunft aus einer bestimmten Region oder gar einem bestimmten Ort zu erkennen ist. Das war einmal anders. Die Tracht, also das, was an Kleidung alltäglich oder zu besonderen Anlässen getragen wurde, verriet früher viel darüber, mit wem man es zu tun hatte und woher der andere kam. Gewisse Eigenarten der Kleidung unterschieden sich von Ort zu Ort. Dass diese oft zur Zielscheibe von Spott und Neckereien wurden, ist beinahe zwangsläufig.

Die männlichen Bewohner der kleinen Stadt Eisfeld (HBN) am Oberlauf der Werra sind im weiten Umland als Asfaller Hammelsäck bekannt. Die Bezeichnung bezieht sich auf den markantesten Teil der alten Eisfelder Männertracht, eine aus weißer Schafwolle gestrickte Kopfbedeckung. Sie hat die Form einer Zipfelmütze mit dicker Bommel, welche die Spötter offensichtlich an die Hoden des Schafbockes erinnerte. Die als traditionsbewusst und bodenständig geltenden Eisfelder Bürger machten sich diesen Spitznamen schon früh zu eigen. »Ein jeder treibt gern Schnick und Schnack mit unserm lieben Hammelsack. Doch wo käm Eisfeldscher Wohlstand her, wenn Hammelsack'scher Fleiß nicht wär?« lautet ein

Spruch aus dem vorigen Jahrhundert. Der klingt auch heute noch gut. Und so wird der »liebe Hammelsack« von der Eisfelder Männerwelt bis heute gelegentlich getragen. Das gilt besonders für die Männer vom Verein »Asfaller Hammelsäck«, die sich um die Pflege lokalen Brauchtums mühen, ebenso für den »Heimat-Musik- und Trachtenverein 1993 e.V.« Beide Vereine haben nach der Wende 1989 maßgeblich zur Wiederbelebung des berühmt-berüchtigten Kuhschwanzfestes beigetragen, bei dem die Eisfelder den staunenden Besuchern aus nah und fern ihre »Hammelsäck« präsentieren.

Ebenfalls von einer Besonderheit ihrer Kleidung ist der Neckname des benachbarten Ortes Bachfeld (SON) abgeleitet. Hier fertigte man früher eine besondere Art von Socken an. Diese Bääsocke (=Beinsocken) waren aus fester Schafwolle gestrickt und besaßen als besonderen Clou stabile Filzsohlen. Das war äußerst praktisch, konnte man sie doch im Haus wie auch auf der Straße tragen. Den Bachfeldern brachten sie den Beinamen Bofeller Sockentratscher ein, weil sie ihre Strumpfsocken angeblich bei jeder Gelegenheit trugen. Aus demselben Grund nannte man die Kieselbacher (WAK) und Vachaer (WAK) Lötschen (=Latschen). In Bachfeld hat man die Socken sogar beim Tanzen getragen. Noch heute wird hier jedes Jahr im August unter der Dorflinde der sogenannte Sockentanz abgehalten. Zwar tragen dabei die meisten Gäste normales Schuhwerk; die Stimmung erreicht aber erst dann ihren Höhepunkt, wenn einige Bachfelder und Bachfelderinnen zu vorgerückter Stunde in waschechten Bääsocke erscheinen und wacker das Tanzbein schwingen.

Von den Wurzbacher Mondspritzern

*F*AST SCHEINT ES, als hätten viele Thüringer früher hinterm Mond gelebt. Wie sonst sind sie zu Spitznamen wie Mondfischer, Mondputzer oder Mondstürmer gekommen? Mondspritzer werden die Bewohner des Städtchens Wurzbach (SOK) im Thüringer Schiefergebirge genannt, ebenso heißt hier eine bekannte Karnevalsgruppe.

In Wurzbach und Umgebung kennen viele die damit verbundene Geschichte: An einem Herbstabend saßen die Wurzbacher Feuerwehrleute einmal im »Goldenen Löwen« und löschten ihren Durst. Der Hauptmann trank am meisten und verspürte alsbald den Drang, sich zu entleeren. Auf dem Hof bemerkte er, dass der Himmel über Heinersdorf feuerrot leuchtete. Sogleich schlug er in der ganzen Stadt Alarm. Unverzüglich machten sich die wackeren Männer samt Feuerspritze auf den Weg. Schwitzend und fluchend keuchten sie den Berg nach Heinersdorf hinauf. Oben angekommen, wollten sie ihre Spritze schon in Gang setzen. Aber wo loderte das Feuer? Alles lag friedlich und still, nur der riesige Vollmond verbreitete seinen merkwürdigen Lichtschein. Trotz ihres Rausches begriffen die Feuerwehrmänner rasch, was Sache war, und machten sich kleinlaut auf den Heimweg. Aber die Panne hatte sich schon herumgesprochen. »Mondspritzer! Mondspritzer!« tönten ihnen auf dem Marktplatz die Spottrufe entgegen …

So soll es sich im Jahre 1892 zugetragen haben, und vielen gilt die Mondspritzergeschichte bis heute als wahre Begebenheit. Erstaunlich nur, dass man sie in anderen Thüringer Orten fast gleich lautend erzählt. So kennt man in Horschlitt (WAK) und Bollerode (WAK) die Mondstürmer, in Altendambach (HBN) und Jagdshof (SON) die Mondputzer und die Spritzepumpen in Vitzeroda (WAK).

Eher unwahrscheinlich klingt dagegen, was man früher über die »Mondfischer« aus der schönen Stadt Greiz berichtete: Einst kamen einige Greizer des Nachts an der Elster vorbei und sahen im Wasser das Spiegelbild des Vollmondes glänzen. Die Silberscheibe dünkte ihnen so schön und kostbar, dass sie flugs ihre Netze holten und versuchten, sie aus dem Fluss zu fischen. Darüber spottete man in den Nachbardörfern:

»Ei, du liebe, liebe Zeit,
Wos gibt's in Gräz fr dumme Leit'!
Wollt'n 'ne Manden aus dr Alster fischen,
Taten lauter Schlamm drwischen.«

Auch diese Überlieferung ist weit verbreitet. Sie
wird ähnlich von den Mondstänglern in Meuselbach
(SLF) und den Monden in Manebach (IK) erzählt. Wie
mögen die kuriosen Mondgeschichten entstanden
sein, was steckt dahinter? Der Volksaberglauben
kannte früher bezüglich des Mondes eine Unzahl
kurioser Hausmittelschen, etwa »Setze dich bei
Vollmond mit blankem Hintern in eine Ackerfurche,
so verschwinden deine Hämorrhoiden«. Während die
einen daran glaubten, machten sich andere darüber
lustig, und Ortschaften, wo man nach Ansicht der
Nachbarn besonders abergläubisch und rückständig
war, also »hinterm Mond« lebte, bekamen mit derlei
Spottgeschichten ihr Fett weg.

Diese wurden in manchen der verulkten Orte
inzwischen witzig umfrisiert und zum eigenen
Markenzeichen gemacht. Beispielsweise bei den
»Mondstürern« in Ernstthal (SON), deren geschichte
man heute etwa so erzählt: Es liegt nur wenige
Jahrzehnte zurück, als sich zwei Ernstthäler nach
stimmungsvoller Bierrunde auf den Heimweg bega-
ben. Über den tannen prangte golden der Mond. Die
beiden holten auf der Stelle eine Bohnenstange aus
dem Garten, um das Goldstück vom Himmel zu
schlagen. Das sei ihnen zwar nicht ganz gelungen, als
der amerikanische Astronaut Neil Armstrong den
Mond betrat, habe er jedoch staunendein abgebroche-
nes Stück jener Bohnenstange gefunden.

Mühlhäuser Pflöcke und
Langensalzaer Schwalbenschisser

DAS BESCHAULICHE MÜHLHAUSEN (UH) ist weltoffen und seine Bewohner gelten als gastfreundlich. Und dies, obwohl sie als Mühlhäuser Pflöcke, mancherorts sogar als grobe Pflöcke geneckt werden. Dabei verdanken die Mühlhäuser ihren Necknamen weder ihrer Dickköpfigkeit noch ihrer Sturheit. Vielmehr bezeugt ihnen der Ursprung des Spottnamens eine Pfiffigkeit, die ihresgleichen sucht.

Einst war Mühlhausen freie Reichsstadt, wohlhabend und mit zahlreichen Privilegien ausgestattet. Dies zog naturgemäß Neid und Begierde vieler fremder Herren nach sich und so lag die Stadt des Öfteren mit diesen Rittern in Fehde. Im Jahr 1429 soll sie allein an einem Tag 28 Fehdebriefe bekommen haben. Doch die Bürger hatten schon im 13. Jahrhundert eine sichere Stadtmauer errichtet, die sie zudem Tag und Nacht bewachten. Deshalb war es noch keinem Angreifer gelungen, in die Stadt einzudringen oder sie gar einzunehmen.

Einmal aber geschah es, dass in der Stadt ein großes Fest gefeiert wurde, bei dem jedermann gern dabei sein wollte, wurde doch so mancher Katzenkopf, wie man in Mühlhausen ein Fässchen mit Bier nannte, geleert. Doch wer sollte Wache halten? Eine alte Chronik überliefert, dass es die Frauen waren, die eine List ersannen. Sie gaben nämlich den Rat, lange Pflöcke herzurichten und die mit Kleidern und Helmen angetan auf der Stadtmauer so zu aufzustellen, als seien es echte Wachen. Tatsächlich näherte sich auch an diesem Tag wieder eine angriffslustige Schar aus Hessen. Doch als sie die gerüsteten »Männer« auf der Stadtmauer sahen, nahmen sie schleunigst Reißaus. Seitdem sollen die Mühlhäuser jeden, der sich, wie die angreifenden Hessen, vom Schein trügen ließ, als blinden Hessen geneckt haben. Sie selber aber wurden fortan die Mühlhäuser Pflöcke genannt.

Eine jüngere Variante der Sage bezieht auch die Nachbarstadt Bad Langensalza (UH) ein: Wieder einmal drohte ein Angriff der Hessen und man schickte Boten nach Langensalza um Hilfe. Doch so schnell marschierten die Langensalzaer nicht und die Hessen waren schon bedrohlich nahe. Also mussten sich die Mühlhäuser selber helfen, was sie in besagter Weise taten. Endlich waren dann die Langensalzaer angerückt, sahen, wie das mächtige Heer der Hessen auf Mühlhausen zumarschierte – und traten Hals über Kopf den Rückzug an; sie »machten die Schwalbe«. Dabei bekamen sie gar nicht mit, dass auch die Hessen beim Anblick der vermeintlichen Stadtwehr flüchteten. Seitdem hatten die Langensalzaer ihren Spitznamen Schwalben oder sogar Schwalbenschisser weg.

Auch heute noch lehren die Mühlhäuser andere das Fürchten, ob es die Langläufer der »Mühlhäuser Pflöcke« beim Staffellauf sind, oder die zielsicheren »Pflöcke« an der Dart-Scheibe gegen die »Klapperköppe« aus Schlotheim antreten. Allerdings sind auch Verluste zu beklagen, denn der Karnevalsverein der »Pflöcke« löste sich unmittelbar nach der Wende auf und überließ den »Frohen Sängern« das Feld.

Während aber die Mühlhäuser heute mit ihrem Spottnamen sehr souverän umgehen, kennen die meisten Langensalzaer weder ihren Necknamen noch dessen unrühmlichen Ursprung. Allein ein ortsansässiges Unternehmen hat die alte Tradition aufgegriffen. Und so können die Langensalzaer und ihre Gäste jetzt mit dem »Langensalzaer Schwälbchen«, einem alten Daimler-Benz Panoramabus, zur Stadtführung oder zur Fahrt ins Umland starten; vielleicht sogar bis zu den Pflöcken nach Mühlhausen.

Die blinden Hessen jedoch sind am Ende sogar bis in Meyers Großes Konversationslexikon vorgedrungen, wo ihnen »geistige Blindheit« zugeschrieben wird. Eine andere Deutung verweist darauf, dass die Hessen »blind wie Katzen« zur Welt kämen. Dabei hatten sie doch einst nur die Mühlhäuser Pflöcke nicht erkannt. Allerdings sollen auch die Schmalkaldischen, als sie noch zu Hessen gehörten, im Deutschen Krieg 1866 bei Langensalza einen Misthaufen beschossen haben, den sie für eine feindliche Aufstellung hielten. Was soll man da denken?

Bärenfänger tsching-bum, tsching-bum, der Karneval soll leben!

JE TIERISCHER, DESTO besser! Zahlreiche Städte und Dörfer sind von ihren lieben Nachbarn mit Spitznamen bedacht worden, die aus dem Tierreich stammen. Das geht von den Cobstädter Fröschen (GTH) und den Niederreißener Bachstelzen (AP) über die Heberndorfer Schniegänse (SLF) und Mauderodaer Kuckucke (NDH) bis zu den Piesauer Wölfen (SLF) und den Rollschter Brummochsen (Rudolstadt/SLF). Oft und gern wurde auch Meister Petz bemüht. Der gilt bekanntlich als besonders stark, klug und mutig. Wenn Leute als Bären, Bärentreiber oder Bärenjäger geneckt wurden, war jedoch meist das Gegenteil gemeint. Wie beispielsweise in Sollstedt, einem an den Ausläufern des Südharzes gelegenen Städtchen, dessen Bewohner noch heute als Nachfahren legendärer Bärenfänger bekannt sind.

Wie erzählt wird, rasteten dort einst ein paar Musikanten am Stadtrand. Beim Abmarsch ließ einer versehentlich seinen Kontrabass an einem Baum stehen. Als am Abend der Wind zu wehen begann und über die Saiten strich, hörte es sich an, als würde ein Bär brummen. Außerdem sah der dicke Kontrabass von weitem tatsächlich wie ein Bär aus. Als die Sollstedter sich das unheimliche Brummen ein Weilchen angehört hatten, nahmen sie allen Mut zusammen und zogen schwer bewaffnet los, die gefährliche Bestie zu fangen. Als sie zu der Stelle kamen, merkten sie freilich, was Sache war und mussten unverrichteter Dinge zurückkehren. Davon war abends beim Bier im

Gasthaus aber keine Rede mehr. Je später der Abend, umso dramatischer wurden ihre Jagderzählungen. Als sich aber die Wahrheit herausstellte, erhielten die Sollstedter den Spitznamen »Bärenfänger«. Zum Beweis der Geschichte wird gern auf das Sollstedter Wappen verwiesen. Es zeigt einen Bären und einen Baum – angeblich jenen Baum, unter dem man den Bären gesucht hatte. Was freilich nicht heißt, dass sich die Sache tatsächlich zugetragen hat. Vermutlich ist das Wappen weitaus älter als die kuriose Jagdgeschichte, die im übrigen in verschiedenen Versionen andernorts ebenso gern erzählt wird.

Bärenfänger ist auch der alte Spitzname der Leute aus Langgrün (SOK). Steigbären nannte man die Bewohner von Oberhain (SLF), weil der auf Bergeshöhen gelegene Ort nur über steil ansteigende Wege zu erreichen ist. Die Dippacher Bärentreiber (WAK) sollen einst einen verendeten Fuhrmannsgaul für einen Bären gehalten haben. Auch die Namen der Ottstedter Bärenjäger (AP) und der Frieser Bär'n in Frisau (SOK) beruhen auf ähnlichen Geschichten. Der Name der Ammerschen Bären soll darauf zurück gehen, dass die Bewohner einen zottigen Schäferhund mit Meister Petz verwechselten. Auch Ammern (UH) hat übrigens einen Bären im Wappen. Hier enthält die örtliche Überlieferung überdies den Hinweis, dass die Geschichte um 1900 von Redakteuren der Mühlhausener Zeitung in die Welt gesetzt worden ist, um die sommerliche Nachrichtenflaute zu überbrücken. Wie dem auch sei, die große Verbreitung dieser Geschichten spricht dafür, dass es sich um eine typische Wandersage handelt. Irgendwo entstanden, verbreitete sie sich im Laufe der Zeit und wurde in verschiedenen Orten heimisch.

Während viele andere tierische Spitznamen längst in Vergessenheit geraten sind, ist bei den »bärigen« das Gegenteil zu verzeichnen. Der Bär genießt seit jeher als Spiel- und Wappentier wie auch als uriges Naturwesen besondere Sympathie. Dementsprechend sind die alten Namen in den betreffenden Gemeinden nicht nur bekannt, sondern ausgesprochen populär. So ist in Ammern alljährlich bei der Kirmes »der Bär los«. In Frisau outen sich die Jugendlichen durch ihre T-Shirts als Frieser Bär'n, und die »Bärenjugend Friesau e.V.« stellt neben der Kirmes zahlreiche Feste auf die Beine. »Bärenfänger tsching-bum, tsching-bum, der Karneval soll leben!« heißt in Sollstedt das Motto der 5. Jahreszeit, und der Bürgermeister lässt es sich nicht nehmen, jedes Jahr beim Festumzug höchstpersönlich ins Bärenkostüm zu steigen.

Musmänner und Quatschbeeme

»GUT MUS FEIL! Gut Mus feil!« Mit diesem Lockruf begann einst der steile Aufstieg eines armen Schneiderleins. Doch was der Grimmschen Märchenfigur zu großem Mut und sogar zur Königskrone verhalf, brachte manchen Thüringern nur Häme und Spott ein. Der Grund dafür war die gute alte Zwetsche, auch Zwetschge, Quatsche, Quetsche, gelegentlich auch (Haus)Pflaume genannt. In ihrer kulinarischen Vielfalt noch heute allseits beliebt, war die Frucht einst als Armeleuteobst heiß begehrt – und zugleich verschrien. Denn gerade für die ärmeren Thüringer war die vorzugsweise an Wegrändern oder auf Wiesen wachsende Zwetsche nicht nur ein billiges und schmackhaftes Lebensmittel, sondern ihre Verwertung häufig auch notwendiger Nebenerwerb.

Die oft üppig hängenden Früchte dieses anspruchslosen Gewächses reiften selbst auf kargem Boden und noch in den höheren Lagen Thüringens. Und weil wohl mancherorts auffällig viele Zwetschenbäume standen, wurden die Bewohner dieser Orte als Quatschbeeme (Allendorf/SLF und Bechstedt/SLF) geneckt. Und das im kalten Grunde liegende Seisla (SOK) war lange Zeit nur als Quatschenseisel bekannt. Wenn dann die Zwetschen »welke Ärsche« hatten, war die Zeit gekommen, aus den süßen Früchten die köstlichsten Genüsse zu zaubern. Neben Kuchen, Kompott, Klößen, Bratenfüllung, Rumtopf, Dörrobst ..., Varianten von fruchtig-süß bis herzhaft-pikant, war und ist von je her aber das Mus die beliebteste Kreation. Dafür brauchte es traditionell nur einen großen Topf, am besten einen Kessel, eine stabile Holzstange, auch Muskrücke genannt, zum Umrühren, und unendlich viel Geduld. War dann aus den entsteinten Früchten das köstliche Mus geworden, hatte man für lange Zeit etwas aufs Brot. Und so war das Muskochen besonders für arme Leuten eine lebensnotwendige Tradition. Denn Mus wurde nicht nur für den eigenen Bedarf gekocht, man zog damit auch von Ort zu Ort und verkaufte es für wenig Geld. Mus konnten sich also auch arme Leute als Brotaufstrich leisten, was manchem Armenviertel größerer Städte den Ruf als Musviertel einbrachte. Dagegen neckte man die Bewohner kleinerer Orte, die durch einen besonders hohen Muskonsum oder -vertrieb auffielen, mit mancherlei Spitznamen.

Die Bewohner von Falken (WAK) sollen schon seit dem 15. Jahrhundert mit ihrem Mus über Land gezogen sein, was sie als Musmänner bekannt machte. Der alte Neckname wurde neu belebt: Heute kann man in der Kindertagesstätte des Treffurter Ortsteils Falken die »Kleine(n) Musmännchen« finden – und die zeigen sich zu besonderen Anlässen am liebsten in ihren musbraunen Umhängen. Die Manebacher (IK) Muskocher hießen Muskännele oder Muskännchen, weil sie das Mus in irdenen Krügen zum Verkauf über Land trugen. Nach dem speziellen Holzstab zum Umrühren des Muses sind die Muskricken von Faulungen (EIC) und Lutter (EIC) benannt. Auch die Bewohner von Jützenbach (EIC) werden deshalb als Mauskrücken geneckt, obgleich Nichteingeweihte die Mauskrücken wohl eher mit einer Maus als mit dem süßen Mus in Verbindung bringen würden. In Jützenbach geht sogar die Sage, dass man bei Bohrungen auf besonders viele Quatschenkerne gestoßen sei.

Auf abenteuerliche Weise kamen die Muskämpen von Gudersleben (NDH) zu ihrem Namen: Als wieder einmal Mus in großen Kesseln gekocht wurde, soll sich ein frei laufender Zuchteber (=thür. Kämpe) in einen der Mustroöge gestürzt haben. Wie und ob dem Eber das Mus mundete, ist nicht überliefert. Doch die Kunde vom Ebersturz verbreitete sich schnell und seitdem heißen die Gudersleberer Muskämpen. Wie die Bewohner von Kaulsdorf (SLF) zu ihrem Spitznamen Muspreißen kamen, weiß niemand so genau. Vermutlich entstand der heute nicht mehr bekannte Name im häufigen Streit zwischen dem thüringischen Nachbarort Eichicht und dem (zeitweise) preußischen Kaulsdorf. Allerdings können sich die Kaulsdorfer nicht erinnern, dass Mus bei ihnen eine besondere Rolle gespielt hätte. Mus war jedoch das Leibgericht der Bewohner von Leimbach (NDH), und als es wieder einmal eine Zwetschenschwemme gab, soll ein Bewohner gesagt haben: »Ech wäre dich dies Johr wuhl änn Musdiem baun« - (=ich muss wohl in diesem Jahr einen Musdiem anlegen). Ob er tatsächlich einen Diemen, wie man in Thüringen einen aufgeschichteten Stapel Stroh oder Getreide nennt, aus Mus anlegte, ist nicht überliefert. Doch seither gibt es die Leimischen Musdiemen. Den Spitznamen Pflumenekels (Rüdigsdorf/NDH) kennen heute nur noch die älteren Bewohner der Gegend. Allerdings wollen sie nicht als »Ekel« gelten und deuten den Namen als mundartliche Form für »Schlauköpfe«. Aber vielleicht reizte ja das Rüdigsdorfer Mus auch nur zum Erbrechen, was der ursprünglichen Bedeutung von »ekeln« entsprach?

Auch wenn der Lockruf »Gut Mus feil!« heute keinen mehr zum König machen wird, zur Königin könnte es dennoch reichen. So gibt es in Gudersleben seit 1997 eine Muskönigin, die den Ort und seine Mustradition repräsentiert. Und seit 1999 krönen die Faulunger Muskricken auf dem mehrtägigen Musfest, das alle zwei Jahre gefeiert wird, ihre Muskönigin. Doch die muss weder Riesen noch Wildschweine besiegen; es genügt völlig, wenn das von ihr gekochte Pflaumenmus in Farbe, Geschmack und Konsistenz die eigens dafür einberufene Jury überzeugt.

Hunde-, Esel- und andere Fresser

EIGENTLICH SIND DIE Thüringer mit grünen Klößen und der unerreichbaren Bratwurst in die Gourmetwelt eingegangen. Hunde, Katzen oder Esel findet man in keinem Rezept.

Doch Hunde gehören nicht nur im Land des Lächelns zu den kulinarischen Genüssen. Auch im Thüringischen, wie überall in Deutschland, kennt man die berüchtigten Hundsfresser. Während sich aber die Steinächer Hundsfrasser (Steinach/SON) mit ihrer gleichnamigen Eishockeymannschaft zu dem einst der Armut und dem Hunger erwachsenen Mahl bekennen, ignorieren die Horschlitter (WAK) diese Vergangenheit. Und die Bewohner von Goldlauter-Heidersbach (SHL) verstecken sich lieber hinter ihrem Necknamen Wopper, der Raum für verschiedene Deutungen lässt. Er kann ebenso auf das früher hier verbreitete »Wobben«, das Trocknen der Leinentücher, verweisen wie auf das einst rege benutzte »Wöbble«, die selbst geschnitzte Tabakspfeife. Aber auch der Hundebraten könnte dafür Pate gestanden haben. Schließlich war das Schlachten von Hunden noch zu DDR-Zeiten legal, war doch auf dem offiziellen Fleischbeschauerschein (Trichinenschau) neben Schwein und Ziege auch Hund gelistet.

Auch wenn das nicht für die Katze galt, stand noch bis in die 60er Jahre auf so manchem Tisch Dachhase als Festbraten und das Katzenfell war als Rheumaschutz begehrt. Kein Gedanke an des Menschen liebstes Haustier, für das heute gern streng kontrolliertes Spezialfutter gekauft wird. Die Katzenfresser von

Scheibe (SON) sind deshalb wohl nicht besonders stolz auf ihren Necknamen, den sie mit einigen anderen Orten in Deutschland teilen. Selbst der Katzen fressende Fernsehstar Alf kann daran nichts ändern. Dann war es schon besser, ein Wildbretfresser (Oßla/ SOK) zu sein, gehörte doch Wilddieberei oft zu den heimlichen Hobbys der Waldbewohner.

Wenn die Sehkraft nachließ oder der letzte Rausch noch nicht verflogen war, konnte es passieren, dass man anstatt eines Hasen einen Esel schoss, wie es den Schlesiern, die deshalb Eselsfresser genannt werden, nachgesagt wird. Ähnliches ist von den Bürgelern (SHK) überliefert. Die Sage berichtet, sie hätten einen Esel geschossen, der ihnen als Hirsch erschienen sei und von den Ratsherren der Stadt mit gutem Appetit verzehrt wurde. So wurde der Esel das Symboltier der Töpferstadt. Allerdings hatte diese Spezies hier wenig Glück. Denn auch der Esel, der im Sommer 1987 die Mannschaften des damals hochrangigen Berliner FC und des Bürgeler FC ins Stadion führen sollte, starb eines unnatürlichen Todes. Der eigens vom Eisenberger Zoo ausgeliehene Deckhengst strangulierte sich kurz vor dem großen Auftritt. Die Moral von der Geschicht: »Bist du ein Esel, dann folg' unserm Rat, sei helle und meide die Töpferstadt« reimte ein findiger Zeitgenosse (Karl Splinter).

Dem Esel, den einer Sage nach Graf Heinrich von Schwarzburg um 1190 aus dem Heiligen Land mitbrachte, erging es nicht besser. Der Graf hatte ihn nach Schwarza (SOK) gegeben, wo nun die Mär umging, er stamme direkt von dem Esel ab, auf dem Jesus nach Jerusalem eingeritten sei. Während die meisten sich mit einer Pilgerreise zu dem heiligen Tier begnügten, was den Schwarzaern manchen Taler einbrachte, beanspruchten die Blankenburger (SLF) den

Esel für sich. Sie argumentierten mit ihrer langjährigen Tradition des Palmfestes, bei dem nur ein hölzerner Esel zugegen war, und mit Blankenburg als Residenz der Schwarzburger Grafen. In einem handgreiflichen Streit gelang es ihnen schließlich, den Esel heimzuführen. Dem aber war die ganze Aufregung nicht bekommen, er starb noch vor der feierlichen Messe am Morgen. Ob sie nun die üble Tat verheimlichen oder nur die heiligen Reliquien besitzen wollten, jedenfalls zerstückelten die Blankenburger kurzerhand das edle Tier und jeder nahm, was er kriegen konnte. Die schadenfrohen Schwarzaer aber verkündeten, die Blankenburger hätten den heiligen Esel verspeist. Seither sind die als Eselsfresser bekannt, während man die Schwarzaer als Zwebbeltrampler kennt, weil sie beim Kampf um den Esel ihre Zwiebelfelder niedergetreten hatten.

Heute feiern wiederum die Blankenburger Freudenfeste, denn sie haben mit der »Blankenburger Eselsnacht« nicht nur die alte Sage neu belebt, sie können auch mit ihren jährlichen »Eselsnächten« einigen Gewinn einfahren.

Über den für sich sprechenden Spottnamen Dach-un-Nacht-Frasser sind die Geschwendaer (IK) verständlicherweise nicht besonders glücklich, gleichwohl ihn deren Nachbarn gern und oft verwenden. Auch die Grütze- (Stützerbach/IK) oder Tätschenfresser (Neuhaus/SON) haben an ihren Necknamen wenig Freude, verweist er doch auf eine Zeit, in der die reicheren Nachbarn oft mit Häme auf die ärmliche Kost der Brockenfresser (Steinheid/SON, Siegmundsburg/SON, Neuhaus/SON) sahen.

Buffbohnen und Krebsfresser

AUCH WENN DAS Sprachgewirr in den Erfurter Straßen heute bunt gemischt daherkommt, man kann ihn immer noch hören, den schönen Erfurter Dialekt, der nur die echte Puffbohne auszeichnet, wenn sie über die Straße hinweg fragt: »Wille Opa au e Ais, oder wille e Breetschen?« – Die Puffbohnen, thüringisch Buffbohnen, sind für die meisten Thüringer eine feste Größe: Sie wohnen in Erfurt und von dem, was landläufig als Hochdeutsch gilt, haben sie keine Ahnung. Wenigstens merkt man die ihrer Aussprache nicht an.

Der Neckname verwies ursprünglich auf den großflächigen Anbau der gleichnamigen Bohne, auch dicke Bohne oder Saubohne genannt, um Erfurt herum. Früher zumeist gedankenlos als Spottname für die ins ländliche Umland gereisten ErfurterInnen benutzt und ebenso angenommen, erfuhr die Puffbohne inzwischen eine bedeutsame Aufwertung. Am Thüringentag 2000 wurde nämlich die Erfurter Puffbohne als pummeliges Maskottchen (wieder) aus der Taufe gehoben und seitdem professionell vermarktet. Inzwischen ist sie **d i e** Erfurter Kultfigur und als Sammlerobjekt heiß begehrt. Man kann sie in vielen Varianten, so als rosa und hellblaue Baby- oder als Weihnachtsbohne mit roter Zipfelmütze und weißer Bommel, erwerben. Sie ist »Erfurts beste Seite« im Internet, begegnet als lebensgroße Tanzfigur oder auch als motivierender Teamname in Triathlon-Wettkämpfen. Es scheint, als seien die Erfurter gern Buffbohnen.

Nur Eingeweihte dürften indes wissen, wie die Puffbohne tatsächlich aussieht. Die Form des Maskottchens verweist nämlich nur auf den essbaren Samen, die Bohne. Die heute als Gemüse wieder hoch geachtete Pflanze – sie gehört im Gegensatz zur Gartenbohne zur Gattung der Wicken – wird bis 120 cm hoch, hat einen kahlen, vierkantigen Stängel und gilt als besonders standfest. Standfestigkeit ist auch den Erfurter Gärtnern zu wünschen, die sich der alten Kulturpflanze wieder vermehrt annehmen, denn Konkurrenz beim Anbau gibt es nicht nur in Europa.

Seit wann die Puffbohne im Erfurter Becken angebaut wird, weiß man nicht so genau. Schon 1837 pries Wilhelm Schütz die Puffbohne stolz als Alleinstellungsmerkmal für Erfurt: »Nur in Erfurt ist gut wohnen; aber wisst Ihr auch – warum? Rings um Erfurt blüh'n Puffbohnen; unser Stolz und Gaudium. Fragt in Pommern, fragt in Schwaben, solche Bohnen sie nicht haben.« Die Verehrung der Erfurter für ihre Super-Bohne soll einst so groß gewesen sein, dass sie am Puffbohnenfeld nur grüßend vorübergingen. Dass der echte Erfurter stets ein paar Bohnen bei sich trug, versteht sich von selbst. Die Quellen überliefern erstmals um 1900 den Spottnamen Puffbohniter für die Bewohner Erfurts, was soviel heißt wie »die gehören zu den Puffbohnen«, wie sie ja auch später hießen.

Sollte es heute noch Erfurter geben, die Puffbohne als Schimpfwort verstehen, kann man sie vielleicht damit trösten, dass sie früher unter einem weit weniger gefälligen Spottnamen bekannt waren. Ehe sie nämlich zu Puffbohnen wurden, nannte man sie lange Zeit Krebsfresser. Eine alte Quelle überliefert dazu: 1551 wurde ein des Betrugs überführter Bürgermeister gehängt, nach drei Tagen in ein löchriges Fass gesteckt und ins Wasser geworfen. Da kamen die Krebse, krochen in das Fass und taten sich an seinem Fleische gütlich. Als man später das Fass aus dem Fluss barg, um die Gebeine des Toten zu bestatten, hatten sich dicke, fette Krebse darin angesammelt, die heimlich verkauft wurden. Ihr Geschmack sei so vorzüglich gewesen, dass sich die reichen Erfurter Gourmets darum rissen. Weil sie aber auf diese Weise ihren eigenen Bürgermeister verspeist hatten, fand man es nur gerecht, dass die Erfurter fortan als Krebsfresser tituliert worden seien.

Die Zeulenrodaer Karpfenpfeifer

DER NAME DER Stadt verweist auf ihre Entstehung im Zuge der spätmittelalterlichen Rodungen und zugleich auf denjenigen Mann, unter dessen Leitung damals im finsteren Wald eine Siedlung mit Feldern und Wiesen entstand. »Ulen« oder so ähnlich muss er geheißen haben, denn das Dörflein wurde zuerst Ze Ulenrode (= hier hat Ulen gerodet) genannt.

Neben ihrem offiziellen Namen ist die Kleinstadt im Thüringischen Vogtland auch unter anderen Bezeichnungen bekannt. Zellrode oder Zeilnroda sind mundartliche Begriffe, die bei alten Zellredern (=Zeulenrodaern) noch im Gebrauch sind. Die Bezeichnung »Stadt auf der Höhe« geht auf den Umstand zurück, dass ihr Zentrum auf einer Anhöhe des Thüringer Schiefergebirges von immerhin 415 Metern über dem Meeresspiegel liegt. Ebenso kann sich Zeulenroda aber seiner zahlreichen Gewässer rühmen. Das bekannteste ist das Zeulenrodaer Meer, wie man in aller Bescheidenheit die das Flüsschen Weida vor den Toren der Stadt stauende Trinkwasser-Talsperre nennt. Zumeist namenlos sind hingegen die zahlreichen Teiche der waldreichen Umgebung. Viele von ihnen dienen der seit Jahrhunderten betriebenen Karpfenzucht, welcher die Zellreder auch ihren Beinamen Karpfenpfeifer verdanken.

Zur Hochzeit einer Grafentochter wurden einst zwölf ehrbare Zeulenrodaer Bürger ins hochlöbliche Schloss der Greizer Residenz bestellt und sollten an den Gaumenfreuden der Hochzeitstafel teilhaben. Dazu zählte ein Karpfengericht echt vogtländischer

Art. Die Karpfen waren am Tag zuvor aus dem Binsenteich am Fuße des Schlossberges gefischt worden, dem einzigen Teich der Greizer Stadtflur. Dieses Gewässer war aber vom Zulauf des Hof- und Küchenwassers so verunreinigt, dass die Karpfen gar schauderlich nach Schlamm und Moder schmeckten. Die Zeulenrodaer, welche damals mehr als hundert Fischteiche besaßen, galten zu jener Zeit in Sachen Fisch als ausgefuchste Feinschmecker. So war es nicht verwunderlich, dass sie ob des abscheulichen Geschmacks ihre Mäuler verzogen. »Wir Zeulenrodaer pfeifen auf solche Schlammkarpfen!« lautete ihr wenig schmeichelhafter Kommentar. Damit aber trafen sie die Ehre des Greizer Küchenmeisters mitten ins Herz. Wutentbrannt schalt er die Verächter seiner Kochkunst als Karpfenpfeifer, und seither tragen die Zeulenrodaer diesen Spitznamen. Denselben tragen übrigens auch die Bewohner des Ortes Wickendorf im Frankenwald (KC). Allerdings aus einem völlig anderen Grund. In der Karpfenzucht noch unerfahren, wussten die Wickendorfer nicht, wie sie ihren Teich abfischen sollten. Zur Kirchweih sollen sie versucht haben, die Karpfen mittels lautem Pfeifen aus dem Wasser zu locken. Diese Episode wird gelegentlich auch zur Erklärung des Zeulenrodaer Namens erzählt.

In Zeulenroda entstand in den 60er Jahren des vorigen Jahrhunderts auf dem Marktplatz der Springbrunnen mit der Figur des Karpfenpfeifers. Neben dem Karneval, den Volkstheaterwochen, dem Schützen- und dem Stadtfest gehört das Karpfenpfeiferfest heute zu den kulturellen Höhepunkten der Stadt. Natürlich bekommt man hier auch vorzüglich zubereitete Karpfengerichte zu essen, beispielsweise im »Goldenen Löwen«.

Zeissianer und Käsehitschen

DIE GERAER NENNT man Fettguschen, die Erfurter Puffbohnen, aber wer kennt schon einen Necknamen für die Einwohner Jenas? Auch wenn Jena als Zeiss- und Universitätsstadt, Stadt der Wissenschaften, sogar als Lichtstadt punktet – die Bewohner erscheinen gegen die Geraer oder Erfurter unauffällig, ja blass.

Hatte das Umland zuviel Respekt vor den Zeissianern, wie die Einwohner Jenas in ihrer Gesamtheit gern genannt wurden? Denn ob sie nun bei Zeiss arbeiteten oder nicht, für das Umland verschmolzen gebürtige Jenenser ebenso wie zugezogene Jenaer zu der auf Präzision geschulten Masse der Zeissianer. Schottianer und Pharmer nahm man nur am Rande wahr. Dagegen wurden die Ortsteile gern mit treffenden Spitznamen bedacht. Wartewitz hieß Göschwitz wegen der langen Wartezeiten beim Umsteigen am Bahnhof. Kurzlebig war zum Glück der Name Battelluwe für Alt-Lobeda. Er entstand, als ein verheerender Brand in den 1920er Jahren die Bewohner buchstäblich an den Bettelstab brachte. So genannte Bettelpässe erlaubten ihnen, innerhalb Thüringens um Almosen zu betteln, obgleich Bettelei streng verboten war. Camsdorf nannte man Kamerun, seine Bewohner Kameruner; nicht, weil sie aussahen wie das gleichnamige Gebäck, sondern weil der Ort – wie der Staat Kamerun – am Wasser, an der Saale, liegt. Weltoffen waren die Saalestädter schon immer! Und baufreudig offensichtlich auch, wie der scherzhafte Name Buddelstädt bei Lichtenhain für das bauaktive Jena noch in den 1970er Jahren bezeugt.

Doch einst hatten auch die Bewohner Jenas einen eigenen Spottnamen. Um 1870 nämlich wurden sie wenig respektvoll Käsehitschen genannt. Eine Käsehitsche war ein einfacher Holzschlitten vor allem ärmerer Leute. Noch bis in die 1950er Jahre erfreute er Kinder, und Erwachsene nutzten ihn als kostengünstige Transportmöglichkeit, mit der man bei Schnee überall hin kam, keinen Parkplatz und keinen Sprit brauchte. Der Sitz glich einer Acht oder zwei aneinander gelegten runden Käselaiben, oft mit Lehne. Das Ganze ruhte auf einem Metallgestell. Dass diese Form durchaus etwas Besonderes war, bemerkte man erst, wenn man die einem Nudeltopf ähnlichen Schlitten der Apoldaer sah, die deshalb auch Nudeltöpfe genannt wurden. Mit neuen Schlittenformen verschwanden Nudeltöpfe und Käsehitschen von den Straßen und damit auch aus dem Sprachgebrauch. Danach fand man wohl nichts Auffälliges wieder, womit die Saalestädter zu necken waren. Oder heißen sie demnächst vielleicht Leuchten oder Lichtstädter?

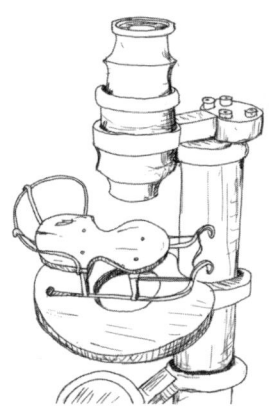

Striezelworcher und Grobiane

ROTHENSTEIN (SHK) ERHEBT SICH malerisch auf einer Berglehne des Trompeterfelsens, dessen rote Sandsteinschichten dem Ort einst den Namen gaben. Auf der gegenüberliegenden Seite der Saale breitet sich am flachen Ufer das Dorf Oelknitz (SHK) aus. Aber nicht nur durch ihre völlig andersartige Lage unterscheiden sich die benachbarten Saaleorte. Stattliche Gebäude und zahlreiche repräsentative Portale weisen Rothenstein als den ursprünglich wohlhabenderen Ort aus und geben seiner Ortsmitte ein beinahe städtisches Gepräge. Hier profitierte man Jahrhunderte lang vom regen Handelsverkehr auf der Straße zwischen Nürnberg und Leipzig, die durch den Ort führte. Für das dörflich anmutende Oelknitz, dessen Name slawischen Ursprungs ist, spielten neben der Landwirtschaft auch die Flößerei und die Holzwirtschaft eine gewichtige Rolle. Rothensteiner und Oelknitzer gehörten bis 1918 unterschiedlichen Staaten an, das rechtssaalische Oelknitz zum Herzogtum Sachsen-Altenburg, das linkssaalische Rothenstein zu Sachsen-Weimar-Eisenach.

In früherer Zeit trennten die benachbarten Dörfer aber nicht nur die Saale und die Landesgrenze, sondern auch mancherlei Animositäten. Obwohl so dicht beieinander gelegen und seit 1839 durch eine Hausbrücke verbunden, war man sich einfach nicht grün. Jedenfalls musste der 1924 erfolgte Zusammenschluss beider Gemeinden schon ein halbes Jahr später wegen unüberbrückbarer Differenzen wieder aufgelöst werden, was die Oelknitzer damals kräftig feierten. Von diesen historisch gewachsenen Vorbehalten zeugen auch die überlieferten Spitznamen. Altenborcher, Striezelworcher!, pflegten die Rothensteiner die Oelknitzer früher zu hänseln. Diese revanchierten sich, indem sie die linkssaalischen Nachbarn als Weimeraner, Grobianer! verspotteten. Der auch für die Orte Schwarzburg (SLF) und Blankenburg (SLF) bekannte Spitzname Striezelworcher zählt zu jenen, mit denen man Leute wegen ihrer tatsächlich oder vermeintlich ärmlichen Speisen durch den Kakao zog. Eine solche Speise war der Striezel, ein fettarmer, recht trockener Kuchen aus Weizenmehl, der in Oelknitz offensichtlich häufig auf dem Tisch stand.

Trocken war er kaum hinunterzu»worchen«, das gelang nur mit Hilfe großer Mengen Malzkaffees. Striezel und Malzkaffee ersetzten bei vielen die gesamte Morgen- oder Abendmahlzeit. War der Striezel einige Tage alt, wurde er so hart, dass man ihn in den Kaffee »titschen« und »lutschen« musste, was zu weiteren Uzereien Anlass gab. Darauf bezieht sich der Name Suckeltitscher, wie er für Fröbitz (SLF) und Rottenbach (SLF) überliefert ist. Sicher gab es auch in Rothenstein Leute, die wacker ihren Striezel in den Kaffee titschten. Zum Stein des Anstoßes wurde hier jedoch die den Rothensteinern von Ölknitzer Seite nachgesagte »grobe« Art: Weimeraner, Grobianer! Wobei grob hier wohl arrogant und überheblich bedeutete.

Erst 1965 wagte man einen zweiten Anlauf, die zerstrittenen Striezelworcher und Grobianer zu einer Gemeinde zu vereinigen. Dieser gelang. Heute ist Oelknitz Ortsteil der Gemeinde Rothenstein. Allerdings hat der Ort der Striezelworcher dank seines großen Neubaugebietes inzwischen mehr Einwohner als das einst dominierende Rothenstein.

Flohplätzer und Lundemänner

ZU UNSER ALLER Glück gehören Flöhe ebenso wie Lumpensammler heute nicht mehr zu unserem Alltag. Flöhe haben sich zumeist auf Katzen oder Hunde verlegt, und die einstigen Lumpensammler wurden durch Container für Altkleider ersetzt. Begegnen wir den beiden heute dennoch in der einen oder anderen Form, dann könnte es sich um scherzhafte Bezeichnungen für die Bewohner mancher Orte handeln.

So sind die Bewohner von Aschara (UH) ihrem Umland als Flohplätzer oder Flohbittel bekannt. Dafür gibt es verschiedene Deutungen und alle stehen mit dem Brunnen an der Kirche in Verbindung. Manche erkannten nämlich in der Plastik am Kirchenbrunnen einen Floh, der zu dem Spottnamen geführt haben soll. Andere meinten, es waren die vielen Mücken am Brunnen, die – Flöhen gleich – die Menschen quälten. Den Bewohnern von Aschara scheint die Version naheliegend, nach der die Flohplätzer von den zahlreich sich im Brunnen tummelnden Wasserflöhen abgeleitet wurden. Und so heißt der Kindergarten des Ortes seit 2003 »Zum Wasserfloh«. Mancherorts kennt man die Flohplätzer auch als Flohbittel. Bittel aber sind im Thüringischen in ganz unterschiedlichen Formen beliebt. Man benutzt sie als Einkaufshilfe ebenso wie als Schimpfwort. Da trifft man nicht nur auf den »Schwinsbittel«, sondern gelegentlich auch mal auf einen »Flohbittel«. Doch während der Bittel (=Beutel, Hoden) eines Schweins durchaus real ist, dürfte ein solcher beim Floh schwer auszumachen sein. So gilt »Flohbittel« wie auch »Schwinsbittel«

heute vor allem als zumeist scherzhaft gemeinte Bezeichnung für einen leichtfertigen oder listigen Zeitgenossen. Bei den Wasthisser Flähbecken dagegen handelt es sich um eine real existierende Spezies, es sind die Bewohner von Westhausen (EIC). Ob diese nun ihren Nachbarn durch besonders häufigen Befall von Flöhen auffielen, oder hier einmal ein echter Flohzirkus beheimatet war, weiß man nicht mehr so genau. Oder standen die Westhäuser einfach nur in dem Ruf, sprunghaft wie Flöhe zu sein?

Als scherzhaftes Schimpfwort ist in Thüringen auch der »Lundemann« sehr beliebt. Kaum einer weiß jedoch, dass der einen durchaus realen Hintergrund hat. Einst zogen nämlich die heute noch bekannten Reiserschen Lointemänner (Reiser/UH) umher, um für die Reisersche Papiermühle Lumpen zu sammeln. Denn ehe das Holz als Papierrohstoff erschlossen war, wurden helle Lumpen (Hadern) dafür genutzt. Man zerstampfte sie zu einem Faserbrei, der dann noch unterschiedliche Bearbeitungen und Zusetzungen erfuhr, ehe das Papier in gewünschter Konsistenz entstand. Und weil offensichtlich auch damals schon viel Papier benötigt wurde, zogen zahlreiche Lumpensammler von Ort zu Ort, um den kostbaren Rohstoff zusammenzutragen. Auch in Wilbich (EIC) soll es einen Lumpenbittel gegeben haben, der seinen Unterhalt als Lumpensammler verdiente. Von ihm ging dann die Bezeichnung auf alle Bewohner des Ortes über.

Kuunzer Eierkuchen
und Kuunzer Ochsen

MALERISCH ÜBER DEM Dorf Kunitz (J) erhebt sich die Silhouette der Ruine Kunitzburg. Einst war sie nicht nur Wahrzeichen des Ortes, sondern auch inspirierendes Ziel für Maler und Dichter. »Abends nach Kunitz, das Schloss gefährlich erstiegen«, liest man in Goethes Tagebuch. Doch schon zu des Dichters Zeiten lockte ein ganz handgreiflicher Genuss die Gäste in das kleine Saaledorf, der Kunitzer Eierkuchen, der den Dorfbewohnern ihren Necknamen gab.

Das wohl erste Zeugnis für das wohlschmeckende Gebäck stammt aus dem Jahr 1819. Goethe hatte eine Tochter der Herzogin Maria Pawlowna zu ihrem Geburtstag mit einem Ausflug nach der Kunitzburg beschenkt. Sein Begleiter Meyer notierte: »Zu dem freien Leben gehörte auch an jenem den Prinzessinnen unvergesslichen Tag ein Festmahl, das aus den berühmten Kunitzer Eierkuchen bestand …« Und der Dichter Ringelnatz schwärmte: »Ach, Kind, wenn du ahntest, wie Kunitzburger Eierkuchen schmeckt!«

Angesichts dieser nur vage erahnbaren Gaumenfreude ist es nicht verwunderlich, wenn auch Meyers Reisebuch »Thüringen« 1895 auf zwei Kunitzer Wirtschaften verweist, in denen der Eierkuchen wachse. Das Wachsen kann man durchaus wörtlich nehmen, türmt sich doch ein recht ansehnliches Teil auf den Tellern derer, die heute das berühmte Gebäck verkosten wollen. Gelegenheit dazu bietet das alljährlich am dritten Wochenende im August von der Burschengesellschaft »Kunitz-Laasan 1890« veranstaltete Eierkuchenfest. Dabei werden etwa 500 Stück des luftigen Gebäcks, ca. 5 cm hoch und im Durchmesser etwa 15 cm, in Fett ausgebacken und mit Puderzucker bestäubt, an die oft lange Wartezeiten in Kauf nehmenden Gäste verteilt. Hinter den Tresen darf jedoch keiner schauen. Hier nämlich agieren, vor aller Augen abgeschirmt, nur wenige in die geheime Rezeptur eingeweihte Frauen, und keinem der Esser ist es je gelungen, das streng gehütete Rezept durchs Verkosten herauszubekommen. Ein Geheimnis sind die Zutaten der besonderen Kuchen bis heute geblieben. Insofern ist immer auch ein wenig Stolz dabei, wenn sich ein Kunitzer Urgestein – als Eierkuchenliebhaber jedem Schlankheitswahn trotzend – heute gern als Eierkuchen titulieren lässt.

Auch wenn der Neckname Eierkuchen in Zeiten zarter Models nicht gerade schmeichelhaft in den Ohren der so Angesprochenen klingt, lässt man sich doch lieber damit als mit Kuunzer Ochse oder gar Öchsin beziehungsweise Kuh titulieren. Dieser ältere Spottname für die Kunitzer wird auf einen Grenzstreit um die Schaftrift zwischen Kunitz und Laasan (J) zurückgeführt. Weil die Grenzsteine auf der Kunitzer Seite mit einem Ochsenkopf markiert waren, seien die Kunitzer Ochsen oder Ochsenköppe, die Laasaner aber Schafköppe genannt worden. Eine zweite Deutung verweist darauf, dass es hier früher, neben Pferde- und Kuhbauern, vorwiegend Ochsenbauern gab, die mit dem Ochsengespann ihre Felder bearbeiteten. Schließlich sind da noch die Kunitzer Großbauern Beyer, die man wegen ihrer vielen Ochsen auch Ochsen-Beyer nannte. Der Name könnte dann auf alle Bewohner des Dorfes übertragen worden sein.

Die Kunitzer selber blieben von dieser Art Spott unbeeindruckt und nannten sich stolz »Männer von

Kunitz«. Den Frauen konnte da wohl nur die auch vor den Männern geheim gehaltene Rezeptur ihres berühmten Eierkuchens Selbstvertrauen geben.

Lommesteener Fässleseecher

ALS FINNEN BEZEICHNETE man in Thüringen nicht
nur Bewohner des »Landes der tausend Seen«, sondern auch die Leute aus Roda (IK), wo die ebenfalls
Finnen genannten Schuhnägel geschmiedet wurden.
Frätzchenmacher nannte man die Bewohner von Manebach (IK) und Geschwenda (IK) nicht etwa, weil sie
besonders gut Grimassen schneiden konnten, sondern weil viele bis zur Mitte des 20. Jahrhunderts als
Heimarbeiter Faschingsmasken fabrizierten.

Die Sparnberger (SOK), die sich als Hausweber die
Hosenböden durchscheuerten, wurden als Schwartenrutscher bezeichnet, die Friedrichrodaer (GTH)
wegen ihrer Bleichereien und ihres Zwirnhandels als
Zwirnscheißer, die Bürger von Frankenhausen (KYF)
wegen ihrer Saline als Salzköpfe. Diese und viele andere Thüringer Spitznamen spielen auf den jeweili-
gen Haupterwerbszweig des Ortes an. Womit die
Leute ihr Geld verdienen, war eben schon immer von
Interesse. Und wenn sich der Broterwerb änderte,
kamen damit oft neue Spitznamen auf. So waren die
Bewohner von Herbsleben (UH) lange Zeit Sandmänner, da sie jenen feinen weißen Sand vertrieben,
den man früher auf die Fußböden streute oder als
Scheuersand verwendete. Die Sandmänner wurden
aber zu Saftmännern, als sie begannen, einen Brotaufstrich aus eingedicktem Rübensaft unter die Leute zu
bringen. Saftmänner beziehungsweise Säfter hießen
aus diesem Grund auch die Wolfsbehringer (WAK). Die
Einwohner von Neustadt (IK) waren Schwammklop-
fer, solange sie Feuerschwamm für Feuerzeuge her-

stellten. Als dann die Streichholzindustrie aufkam, mussten sie als Titscher die Hölzchen in die Zündmasse tauchen und mit der fertigen Ware als Streichholzmänner durch die Lande ziehen.

Einen besonders originellen und bis heute populären Namen dieser Art tragen die Bewohner von Bad Lobenstein (SOK). Bis zur Mitte des 19. Jahrhunderts blühten im Lobensteiner Oberland der Erzbergbau und in der Stadt das Tuchmachergewerbe. Lobensteiner Tuch wurde in ganz Deutschland und auch darüber hinaus mit Erfolg verkauft. Selbst das Militär des Königreiches Bayern trug zeitweise Uniformen aus Lobensteiner Tuch. In fast jedem Haus ratterte damals ein Webstuhl. Um der wachsenden Konkurrenz standzuhalten, waren die Tuchmacher um größte Sparsamkeit bemüht. Das zur Appretur der Tuche notwendige Ammoniak wurde deshalb aus Urin gewonnen, sozusagen in Eigenproduktion. Damit immer ausreichende Mengen vorrätig waren, stand in jeder Weberstube ein Fässchen, in das die gesamte Familie und auch die Gäste »hineinzuseechen« hatten. Um gut »seechen« zu können, musste zuvor natürlich tüchtig getrunken werden, weshalb die »Lommesteener Fässleseecher« als trinkfreudige Leute bekannt waren. Der letzte dieser Zunft ist heute am Marktplatz zu finden. Hier verrichtet eine hoch oben im Rathausturm eingebaute Figur – der Fässleseecher – mehrmals täglich ihr Geschäft direkt auf das Pflaster. Und nicht weit davon stehen für hungrige und durstige Zeitgenossen die Türen der – trotz ihres anrüchigen Namens – beliebten Gaststätte »Zum Fäßleseecher« offen.

Miss Baba und die Elefantenkitzler

HIERZULANDE KENNT MAN Brummochsen, Riedsperlinge oder Sandhasen und dergleichen, aber Elefantenkitzler? Und doch gibt es sie, und das schon seit mehr als 150 Jahren. Eine indische Elefantenkuh namens Miss Baba machte damals den kleinen, idyllisch an der Ilm gelegenen Ort Niederroßla (AP) als Kitzelbach und seine Bewohner als Elefantenkitzler weit über Thüringen hinaus bekannt.

Es war – Zufall oder nicht – an einem Freitag, den 13., im Februar 1857. Die Familie Kreutzberg zog mit einer der seit dem 17. Jahrhundert auch in Deutschland in Mode gekommenen Tierschauen, auch Menagerien genannt, durch Thüringen und gab gerade ein Gastspiel in Apolda. Die große Attraktion der Schau war Miss Baba, eine ausgewachsene indische Elefantenkuh, eine der größten ihrer Art. Am Abend nach der Vorstellung bezog Miss Baba bei der Witwe Burckhardt in der Schuhgasse (heute Ritterstraße) ihr Quartier. Doch der Elefantenrüssel hatte vor dem Schlafen noch einen Leckerbissen ausgemacht: In einem Nebenraum lagerten nämlich die Winterrüben fürs Vieh und gerade darauf verspürte die Elefantendame nun großen Appetit. Kurzerhand drückte sie mit ihrem kräftigen Hinterteil die trennende Wand ein und fraß soviel Rüben, wie sie nur konnte. Dass die Rüben winterkalt oder gar gefroren waren, störte sie nicht. Am anderen Morgen war das Geschrei groß; nicht das der Elefantendame, sondern das der geschädigten Quartiermutter. Man stritt den ganzen Tag, schließlich bezahlte Herr Kreutzberg den Schaden, brach die

Schau in Apolda ab und machte sich noch am Abend auf den Weg nach Buttstädt. Miss Baba ging wohl in einem blickdichten Transportwagen ohne Boden, damit die gewinnbringende Neugier auf den Anblick des exotischen Tieres erhalten blieb. Doch nun zeigte das nächtliche Mahl seine Wirkung, Miss Baba ging es schlecht, heftige Koliken plagten sie. In Niederroßla schließlich, nahe der Ilmbrücke, brach sie zusammen und niemand und nichts konnte sie zum Aufrichten bewegen. Schnell fand sich ein Trupp Neugieriger ein. Die Holzverkleidung des Wagens ging, man weiß nicht mehr genau, weshalb, zu Bruch. Weitere Schaulustige kamen hinzu, darunter einige Gemeindevertreter. Diese, besorgt, dass durch den möglichen Tod der kranken Baba ihrer Gemeinde Kosten entstehen könnten, stachelten die Meute an, das Tier über die Ortsgrenze hinaus zu treiben. Das musste man der angeheiterten Schar nicht zweimal sagen: Mit Stöcken und Stangen brachten sie den Elefanten auf die Füße und trieben ihn auf die Hauptstraße Richtung Wersdorf. Doch der steilen Straße war die geschwächte Baba nicht gewachsen, sie starb, noch ehe die Ortsgrenze erreicht war.

Der Niederroßlaer Elefanten-Tod hatte Folgen: Im Prozess um den für Baba von ihrem Besitzer eingeforderten Schadensersatz erklärten die Beschuldigten, sie hätten die Elefantendame doch nur ein wenig gekitzelt, um sie zum Gehen zu bewegen. Damit kamen sie zwar bei Gericht mit einem blauen Auge davon, doch seitdem werden Niederroßla als Kitzelbach und seine Bewohner als Elefantenkitzler verspottet. Anfangs wehrten sie sich dagegen, manchmal sogar handgreiflich. Doch irgendwann gewöhnte man sich nicht nur an den Namen, sondern setzte der Elefantendame 100 Jahre später sogar ein Denkmal nahe der

Ilmbrücke. Und mehr noch, seit 1993 zeigt das Gemeindewappen von Niederroßla auf rotem Grund einen silberfarbenen Elefanten mit einem roten Herzschild, auf dem das örtliche Schloss zu sehen ist. Miss Baba zu Ehren wird alle 25 Jahre in Niederroßla ein Elefantenfest gefeiert. Zum 150. Jubiläum 2007 gab es eine besondere Attraktion: Das aus circa 200 Einzelteilen wieder zusammengesetzte Skelett der Elefantendame (heute Phyletisches Museum Jena) wurde erstmals zusammen mit ihrer präparierten und ausgestopften Haut (heute Naturkundemuseum Gotha) gezeigt.

F. Wolf '08

Wo die Ziege die Möhre fraß

STADTRODA GING AUS der Vereinigung des Städtchens Roda mit dem beim früheren Zisterziensernonnenkloster gelegenen Ort Kloster Roda hervor. Erst seit 1925 trägt die im felsigen Tal des Flüsschens Roda gelegene Stadt offiziell diesen Namen. Der weithin bekannte Uzname der Rodaer ist etliche Jahrhunderte älter. Obwohl im Spott geboren, hat er inzwischen einen beinahe-offiziellen Status. Jedenfalls heißt der Bürgermeister auf der amtlichen Hompage die Gäste aus nah und fern in der »Stadt der Möhrenschaber« willkommen. Die Erklärung liefert eine Sage, die von bierernsten Streitigkeiten zwischen Roda und dem benachbarten Zisterzienserkloster in mittelalterlicher Zeit berichtet.

Im Jahre 1450 lag der Rodaer Stadtrat wegen der Braugerechtigkeit mit dem Kloster in heftigem Streit. Da die Rodaer wegen des Bierbrauens sich schon des öfteren mit Nachbargemeinden gerauft hatten, holte der Propst des Klosters sicherheitshalber Graf Heinrich von Gera zu Hilfe. Als sich der Graf mit seinem Kriegsvolk der Stadt näherte, gerieten die Bürger in helle Aufregung. Die Stadtbefestigungen waren nämlich in einem jämmerlichen Zustand, an einem der Tore fehlte sogar der Pflock, um es ordentlich zu verriegeln. Der Torwächter suchte ihn verzweifelt, aber vergebens. Schließlich fiel ihm eine prächtig geratene Möhre in die Hand, die steckte er an Stelle des Pflocks in die Schlaufe. In der Nacht aber lief ein hungriger Ziegenbock herum, dem kam die Möhre wie gerufen, und er fraß sie kurzerhand auf. Als die Geraer wenig später angriffen, staunten sie nicht schlecht. Mühelos konnten sie das Tor aufstoßen und die Stadt besetzen. Sich der Macht der Waffen beugend, mussten die Rodaer nun mit dem Kloster Frieden schließen und dem Grafen Heinrich überdies alle Kosten seines Einsatzes zahlen. Die Geschichte mit der Möhre machte im ganzen Land die Runde und trug den Bürgern die Spottnamen Rodsche Möhren oder Möhrenschaber, ihrer Stadt die Bezeichnung Mehrenrude ein. Damit nicht genug, hänselte man die Rodaer Bürger früher gern mit der Frage, ob der Möhrensamen dieses Jahr gut geraten sei. Und bis heute ist das Wappen Zielscheibe des Spottes. Es zeigt auf silbernem Grund drei Türme in roter Farbe, Ausdruck der einstigen Wehrhaftigkeit der Stadt. Die Spötter behaupten freilich, dass das Wappen ursprünglich drei Möhren gezeigt habe. Doch schon in älteren Wappen von 1341 und 1403 sind die Türme zu sehen, während sich die Sage auf eine Belagerung im Bruderkrieg 1450 bezieht.

Im Stadtrodaer Stadtbild erinnert mancherlei an die sagenhafte Möhrenstory und deren historischen Hintergrund. Die imposante Kirchenruine des alten Klosters ist die bekannteste Sehenswürdigkeit der Stadt und wird heute als Freilichtspielstätte für Konzerte genutzt. Auch die unter Denkmalschutz stehende Altstadt des einstigen Roda ist eine touristische Attraktion. Als eigentlicher Ort der Sage gilt das alte Töpfertor, durch das früher die von Gera kommende Straße in die Stadt führte. Das Original ist längst verfallen. An seiner Stelle wurde das Rote Tor erbaut, heute das einzig erhaltene der ehemals fünf Tore der Stadt. Hier am Töpferberg wird der Rod'schen Möhre noch immer gedacht. Alljährlich im September erinnert man beim Roten-Tor-Fest mit allerlei Spaß und Spiel rund um die Möhre an das einstige Debakel.

Auch andernorts hat das gelbrote Wurzelgemüse in der Necknamen-Landschaft Spuren hinterlassen. Bezeichnungen wie Möhrenhengste für die Leute aus Mühlhausen (UH) und Möhrenschaber für die Weiraer (SOK) weisen auf den bevorzugten Anbau dieser Kulturpflanze hin. Die Krone aller Möhrenorte trägt freilich Heiligenstadt (EIC). Folgt man der Überlieferung, muss es ein ähnliches Vorkommnis wie in Stadtroda gegeben haben. Dass es wegen einer abgefressenen Möhre mit der Stadtverteidigung nicht klappte, brachte den Heiligenstädtern zunächst den Schaden und dann den Spott. Der bescherte ihnen aber immerhin den klangvollen Necknamen Möhrenkönige. Beim alljährlichen »Fest der Heiligenstädter Möhrenkönige« am 2. Wochenende im September kann man den Möhrenkönig mit Krone und Purpurmantel, im Arm eine Riesenmöhre, bewundern. Dieser ist seit den fünfziger Jahren auch Galionsfigur des Karnevals in der Eichsfelder Kreis- und Badestadt.

Pratschenbeine und Sperkenbä – von den schönen Beinen der Thüringer

»ZEIGT HER EURE Füßchen, zeigt her Eure Schuh ...« Ob im bekannten Kinderlied oder in Sprichwörtern und Redewendungen, Beine und Füße des Menschen genossen offensichtlich immer schon besondere Aufmerksamkeit. Da kann man sich etwas ans Bein binden, kalte Füße bekommen und die Beine unter die Arme nehmen. Man kann mit dem linken Bein zuerst aufstehen, dennoch auf großem Fuße leben, wenn einem keiner ein Bein stellt ... Nun ist aber Bein nicht gleich Bein, es gibt dicke und dünne, lange und kurze Beine, bescheiden oder auffällig bekleidete. Das war auch früher schon so. Die Nachbarn warfen ein Auge drauf, und schon hatte man seinen Spitznamen weg, der dann gern auch auf die übrigen Bewohner übertragen wurde.

So fielen die Bewohner von Gebersdorf (SON) einst durch besonders stramme Beine oder durch auffällig breite Füße auf, wenn sie vielleicht pratschebreit am Wirtshaustisch saßen, denn in den Nachbarorten werden sie als Pratschenbeine geneckt. Besonders dünne Waden hatten dagegen die Bewohner von Rauenstein (SON), die man Sperkenbä (=Sperlingsbeine) nannte. Ob die Einwohner von Niederreißen (WEI) nun auf besonders langen, dünnen Beinchen daherkamen, oder ob es dort nur auffällig viele Bachstelzen gab, weiß man nicht mehr so genau. Ihren Nachbarn jedenfalls sind sie als Bachstelzen bekannt. Auch die Rehbeinchen aus Goldisthal (SON) und Ölze (SON) kamen wohl nicht auf ranken Rehbeinchen daher, sondern wurden wegen der Wilddieberei, bevorzugt von Rehen, geneckt. Dagegen standen die Möhraer (WAK) und Wunderslebener (SÖM) tatsächlich auf besonders langen Beinen, was ihre Nachbarn mit Stelzen oder Geißböcke (Möhra), Lattermänner oder Laternenmänner (Wundersleben) quittierten.

Die schönen, oder doch zumindest auffälligen Beine der Thüringer enden heute normalerweise in einem Schuh. Doch früher sollen sie auch schon mal in Strümpfen, Socken oder gar unbekleidet den Weg vor die Haustür gefunden haben. So sind die Bewohner von Marisfeld (SHL) als Bärweßhätscher (=Barfußgeher) bekannt geworden. Dagegen zogen die Bauern von Trebra (KYF) die Aufmerksamkeit ihrer Nachbarn in entgegen gesetzter Richtung auf sich. Sie wurden nämlich wegen ihrer Beinkleider geneckt. Das Tragen eng anliegender lederner Kniehosen brachte ihnen einen Spitznamen ein, um den sie heute viele beneiden würden: Knackärsche.

Dass es unter den auffälligen Beinen auch Schildbürger vom besten Schlag gab, bezeugt der Spottname Jählbeine (=Gelbbeine) für die Bewohner von Allrode (HZ). Einst hatten sich die Bauern der Gemeinde zusammengefunden, um ihre über die Woche gesammelten Hühnereier zum Markt nach Quedlinburg zu bringen. Doch es waren mehr Eier zusammen gekommen, als in den dafür vorgesehenen Wagen passten. Kurzerhand, so erzählt man, hätten die Bauern die Eier mit ihren Füßen so bearbeitet, dass schließlich doch eine ganze Menge hineinpasste. Und weil die Beine der eiertretenden Bauern davon ganz gelb wurden, verspottete man die Schildbürger fortan als Jählbeine. Wer die Eier auf dem Markt kaufte, ist nicht überliefert.

Kümmeltürken und Kümmelspalter

WER LÄSST SICH denn schon gern als Kümmeltürke (Felchta/UH) oder Kümmelspalter (Falken/WAK) bezeichnet, versteht man doch beide Spitznamen eher negativ. Dabei ist der Namen gebende Kümmel, oder vielmehr der Samen der Pflanze, eine der ältesten und beliebtesten Gewürz- und Heilpflanzen Europas. Deutschland wird gar als Weltmeister im Kümmelkonsum bezeichnet, wobei nicht eindeutig zu entscheiden ist, ob hier das Gewürz oder der Köm (=Kümmelschnaps, Aquavit) gemeint ist. Der wild oder kultiviert wachsende Kümmel genießt vor allem als Verdauung förderndes Mittel einen überaus guten Ruf. Er galt als Viagra des Mittelalters und als das Gewürz der Könige. Karl der Große schon ließ Kümmel anbauen und gab die Anweisung, das Gewürz nur ja nicht in der Küche zu vergessen.

Wird jemand als Kümmeltürke bezeichnet, ist dies zumeist abwertend gemeint. Kaum einer weiß, dass der Spitzname gar nichts mit dem vermeintlich Kümmel essenden Türken zu tun hat. Der Ausdruck stammt aus der Studentensprache des ausgehenden 18. Jahrhunderts und bezeichnete ursprünglich wohl einen Studenten aus der Hallenser Gegend, ohne dass man genau sagen kann, weshalb. Entweder wurde er so genannt, weil die Gegend um Halle besonders trostlos erschien – wie man sich damals unwissend die Türkei vorstellte – oder aber weil im Gebiet um Halle besonders viel Kümmel angebaut wurde, der auch auf kargem Boden gedeiht. Landstriche, die wenig Erbauliches fürs Auge boten, wurden früher gern als

Türkei bezeichnet. Aber auch Gastarbeiter aus der Türkei nannte man abwertend Kümmeltürke, wobei hier eine Ableitung von Kemal Atatürk, dem Gründer der Türkei, vorliegen dürfte. Die überzogenen Vergleiche »Schuften« oder »Saufen, wie ein Kümmeltürke«, vor allem in Berlin, gehen möglicherweise auf diese Gastarbeiter zurück.

Wenn jedoch Einwohner Thüringens als Kümmeltürken bezeichnet werden, dann bezieht sich das allein darauf, dass sie überwiegend mit dem Anbau des Gewürzes ihren Lebensunterhalt bestritten. Denn der bevorzugte Anbau bestimmter Kulturen verhalf auch anderen Thüringern zu Spottnamen, wie Kohlrübenköpfe (Schwarzburg/SLF, Mühlberg/GTH) oder Zwiebelkönige (Heldrungen/KYF).

Unter diesen allen findet man gelegentlich auch Kümmelspalter, Menschen, die als besonders geizig oder kleinlich gelten. Ob nun gerade in Falken (WAK) wirklich so viele dieses Schlags lebten, weiß man nicht genau. Im Gedächtnis der Nachbarn jedenfalls muss diese Eigenschaft prägend gewesen sein; denn trotz des heute bekannteren Necknamens Musmänner kennt mancher die Falkener auch noch als Kümmelspalter.

Grämen sollte sich indes niemand über diesen Necknamen, ist er doch auch in anderen Gegenden anzutreffen. Zudem könnte man auf den altrömischen Kaiser Antonius Pius, 86-161 n. Chr., verweisen, den Begründer des Goldenen Zeitalters. Schon er trug den seinerzeit ehrenvollen Beinamen der Kümmelspalter, weil er genau auf die Ausgaben sah. Wer jedoch darin keinen Trost findet, dem bleibt wohl nur noch die Einkehr in eine der vielen Gaststätten, die sich heute »Kümmelspalter« nennen, wie zum Beispiel der gemütliche Gasthof in Schöten (AP), wo man sich mit einem Köm wieder ein Lächeln auf die Lippen zaubern könnte. Wird dann aber der Küchenjunge losgeschickt, um einen Kümmelspalter zu besorgen, hat wohl einer zu viel von dem guten Getränk konsumiert.

Von Kloßheim an der Soße
zum Mittelpunkt der Erde

WÄHLT MAN DIE kürzeste Straßenverbindung, sind
es von Kloßheim an der Soße bis zum Mittelpunkt der
Erde nicht einmal 200 Kilometer. Die Fahrt geht quer
durch Thüringen und lohnt schon deshalb, weil man
unterwegs Ortschaften mit so hübschen Namen wie
Hunnegramont, Heppendiescht und Duhlenneischt
kennen lernen und nebenbei exotische Trips nach Kamerun oder Amerika unternehmen kann. Was all
diese Orte gemeinsam haben: Hier hat sich der Spott
nicht auf die Bewohner einer Stadt oder eines Dorfes
ergossen, sondern auf die Siedlung als Ganzes. Im
Unterschied zu Einwohnernecknamen wie Fettgusche
oder Puffbohne werden sie deshalb als Ortsnecknamen
bezeichnet.

Der Name Kloßheim an der Soße verweist unzwei-
felhaft darauf, dass man im betreffenden Ort Thüringer Klöße mit viel Soße besonders schätzt. Statt Kloßheim sind auch die Namen Kloßdorf oder Hütesheim
gebräuchlich. Da man in Thüringen aber allerorten
dem Genuss von Kartoffelklößen frönt, ist die genaue
Zuordnung schwierig. Dieselben Namen sind für
Hildburghausen, Meinigen und andere Orte überliefert. Der Vorrang gebührt vermutlich der alten Resi-
denz- und Theaterstadt Meiningen, hat doch der Sage
nach Frau Holle den Meiningern höchstselbst das Ori-
ginalrezept der echten »Mäninger Hüts« geschenkt.

Ein anderer populärer Ortsneckname ist Gramont
und die davon abgeleiteten Versionen Hunnegramont,
Fressgramont und Gramont – Stadt der freien Liebe.

Zumindest in Mittelthüringen weiß jeder, dass damit Apolda gemeint ist. Allerdings gehen die Meinungen weit auseinander, wie die Industriestadt zu ihrem französisch-klangvollen Kosenamen gekommen ist. Die einen führen ihn auf Napoleon Bonaparte zurück. Er oder aber einer seiner Generäle habe während der Schlacht bei Jena und Auerstedt 1806 »Ah, ca c'est Gramont!« (= Ah, das ist Gramont!) ausgerufen, da ihn der Anblick Apoldas an diese französische Stadt erinnert habe. Andere meinen, der Spitzname sei erst im Deutsch-Französischen Krieg 1870/71 aufgekommen. Damals war das Weimarische Infanterie-Regiment 94, in dem viele Apoldaer dienten, als Besatzungstruppe in Versailles stationiert, und zwar in einer Kaserne in der Rue de Gramont. Gegenüber befand sich ein Bierlokal, in dem die Apoldaer häufig einkehrten. Deshalb wurden die Apoldaer von ihren Jenaer und Weimarer Regimentskameraden scherzhaft Gramonter genannt. Dieser Name verbreitete sich nach ihrer Rückkehr und es wurde von den Nachbarn mancherlei draufgesattelt. Hunnegramont (=Hundegramont) bezieht sich auf den dortigen Hundemarkt im allgemeinen und den berühmten Apoldaer Hundezüchter C. F. L. Dobermann im besonderen, der hier 1863 seinen »Dobermann« vorstellte. Fressgramont bedarf wohl keiner besonderen Erklärung, ebenso wenig Gramont – Stadt der freien Liebe als poetische Variante der ebenfalls bekannten Bezeichnung Fickgramont.

Von Hunnegramont ist es nur ein Katzensprung bis Pferdebuttstädt, Ochsenbuttelstedt und Kuhköln. Letzteres ist eine alte Bezeichnung des heute eher als Pfefferminzstadt bekannten Städtchens Kölleda (SÖM) und soll auf die früher blühende Viehzucht zurückgehen. Auch die Ortsnecknamen von Buttstädt (SÖM) und Buttelstedt (AP) gelten als sehr alt, denn sie sind von den hier seit Jahrhunderten beheimateten Viehmärkten abgeleitet. Jüngeren Ursprungs sind verwandte Namen wie Hunnemille (=Hunde-Milda), Heppendiescht (=Ziegen-Döschnitz) oder Duhlenneischt (Dohlen-Neustadt). In Milda (SHK) gaben die vielen Straßenköter, in Döschnitz (SLF) die armen Ziegenbauern und in Neustadt/Orla (SOK) die hier zahlreich hausenden Dohlenschwärme den Anstoß zur Namensbildung.

Ebenso häufig wie derlei »tierische« Ortsneckereien sind jene, die sich klangvoller Namen aus der weiten Welt bedienen. Weil jenseits des »großen Wassers« gelegen, wird der Greizer Stadtteil links der Elster spöttisch Amerika und der rechtssaalische Jenaer Ortsteil Camsdorf Kamerun genannt. Je abgelegener und hinterwäldlerischer der Ort, um so exotischer meist sein Spitzname: So wurde Kranichborn (EF) in Krakau, Wachenbrunn (HBN) in Algier und Oppershausen (UH) in Kleinägypten umbenannt, um nur einige Beispiele zu nennen. Ebenso ironisch ist die Bezeichnung Mittelpunkt der Erde gemeint. Nach Heinz Rosenkranz wurde Tanna-Schleiz (SOK) wegen einer hier im 19. Jahrhundert herausgegebenen Zeitung mit dem hochtrabenden Namen »Politische Blätter aus der Mitte Deutschlands« so genannt. Heute ist als Mittelpunkt der Erde vor allem das benachbarte Pausa (PL) bekannt. In dem Vogtlandstädtchen hat man daraus längst ein Markenzeichen gemacht. Auf dem Dach des dortigen Rathauses rotiert eine beleuchtete Erdkugel von drei Metern Durchmesser. Als genaue Mitte gilt der Austrittspunkt der Erdachse. Diese führt in den Keller des Rathauses, wo sie regelmäßig geschmiert wird. Gegen Entgelt kann die frisch geschmierte Erdachse besichtigt werden.

Von der Lust am Lästern hinterm Lenkrad

WIE IN DEN vorangegangenen Kapiteln dargestellt, sind viele der alten Spitz-, Spott- und Necknamen der Thüringer Städte und Dörfer bis heute bekannt und mancherorts lebendig. Die Blütezeit der Ortsneckereien ist jedoch längst vorüber. Neue Namen entstehen kaum noch, und mancher fragt sich, ob dem Menschen des 21. Jahrhunderts etwa die Lust am Lästern über die lieben Nachbarn abhanden gekommen sei. Diese Frage kann getrost mit n e i n ! beantwortet werden. Allerdings hat sich die Welt seit anno dazumal ein wenig verändert. Waren früher oft Rangeleien beim dörflichen Kirmestanz Ausgangspunkt für Spott und Lästereien, können es heute beispielsweise bestimmte Situationen im Straßenverkehr sein. Man quält sich Freitagnachmittag auf verstopften Straßen nach Hause. Und wen hat man vor sich? Fahrer und Fahrerinnen aus dem Nachbarkreis, die für ihre viel zu schnelle oder zu langsame, zu vorsichtige oder zu riskante Fahrweise oder für ganz andere Arten und Unarten bekannt sind. Und los geht's! Die Gesichter hinter der Windschutzscheibe sind zwar nur Schemen, dafür erkennt man wenigstens die amtlichen Kennzeichen. Erstaunlich, welche Blüten die Lust am Lästern hinterm Lenkrad dann mitunter treibt! Es seien hier nur einige Beispiele angeführt.

SM – Als man die Höhen des Thüringer Waldes noch mühselig auf unbequemen und überfüllten Bundesstraßen überwinden musste, galten die Bewohner von Schmalkalden-Meiningen als die **StauMacher** schlechthin. Seit die futuristischen Brücken und Tunnel der Thüringer Waldautobahn den Landkreis prägen, hat sich auch das Hinterwäldler-Image der Bewohner geändert, und zwar total. Die Stauverursacher von einst Sind Machos, SexMonster und Experten für Sado-Maso geworden. Kaum zu glauben, aber wahr: Die Wäldlerinnen gelten heute als Super Models, der Wäldler ist aufgestiegen zum SuperMan.

SHL – Glaubt man den aktuellen Auto-Schmähsprüchen, soll das Überholen von Suhler Fahrzeugen mit Sehr Hoher Lebensgefahr verbunden sein. Sitzen Männer hinterm Steuer, handele es sich meist um Sau Hohle Leute. Lenkt eine Frau den Wagen, könne es sein, Sie Hat Liebe. Da Suhl einstige DDR-Bezirksstadt ist, dürfen Schmähsprüche wie Stasi Hinterm Lenker oder Sozialistisches Hinter Land nicht fehlen.

SLF – Die positive Beurteilung der Wagenlenker und -lenkerinnen aus der Region Saalfeld-Rudolstadt als Sehr Listige Fahrer stellt eher die Ausnahme dar. Gewöhnlich dominiert auch hier die kritische Sicht: Schlechter Lustloser Fahrer, Schwein Lernt Fahren oder Schweine Laufen Frei sind die verbreitetsten Sprüche. Blindwütiges Rasen wird den Saalfeld-Rudolstädtern aber nicht vorgeworfen, eher das Gegenteil: Sind Langsam Fahrer oder gar SauLangsame Fahrer. Vereinzelt taucht zudem die Vorstellung auf, dass die SLF-Leute zu tierischen Höhenflügen neigen: Schwein Lernt Fliegen.

SOK – Umgangssprachlich werden sie als Socken bezeichnet, die braven Bewohner des Ostthüringer Saale-Orla-Kreises. Handelt es sich um weibliche, die etwas langsamer fahren, heißt es dann Schleicher Oma Kommt, ist die Socke bereits über sechzig, gilt sie als Sonntagsfahrer Ohne Kontrolle. Den jungen Socken wird häufig Sex Ohne Kondom nachgesagt, wenn sie in Gruppen auftreten, gelten sie als Sonder Ossi Kommando. Dass sie Sachsen Ohne Kopf seien, ist jedoch purer Unfug. Denn ohne Kopf könnten auch Sachsen nicht Saufen Ohne Kontrolle.

EIC – Im Eichsfeld hat das Scherzen und Spotten lange Tradition, und in vielen Orten sind alte Spitz-, Spott- und Necknamen lebendig. Darunter sind recht drastische wie die Kiepenseicher (Asbach-Sickenberg) oder die Runzemander (Beuren). Ebenso Deftiges bekommen die Eichsfelder Kraftfahrer heute vom Rest der Welt an den Kopf beziehungsweise die Windschutzscheibe geknallt. Die Spanne reicht von Ein Irrer Clown über Erichs Idioten Club oder Eichsfelder Idioten Club bis Echt Irre Choleriker. Die Mehrzahl der Bewohner der schönen Bergregion halten EIC indes für die Abkürzung von Ehrlich Intelligente Christen.

J – Die Jenaer bzw. Jenenser wurden ursprünglich wegen ihrer Neigung zu millimetergenauer Präzisionsarbeit – selbst beim Anlegen von Gurkenbeeten, beim Küchetapezieren und beim Fußballspielen – landesweit als Zeissianer gerühmt. Für das heutige Privileg, auf dem Nummernschild großstadtmäßig einen Einzelbuchstaben zu tragen, bekommen sie nun aber ihr Fett weg als Jecken, Juppies oder Jammerlappen.

UH – Selbst schlichte Abkürzungen wie die des Unstrut-Hainich-Kreises vermögen die Volksphantasie anzuregen. Jedenfalls liegen für das UH mehr als ein Dutzend deftige Deutungen vor, beispielsweise Un Heilbar, UnHeimlich, Unglaublich Hirnlos, Unheimliche Hornochsen, Unbekannte Helden … Die einst als Sandmänner und Säfter geneckten Bürger von Herbsleben meinen aber, dass UH Unser Herbsleben bedeuten würde.

EF – Dass man hinter den Frontscheiben landes-hauptstädtischer Karossen **E**ingebildete **F**atzgen vermutet, liegt auf der Hand. Vermutlich deshalb verstecken sich die Thüringer Landesregierung und der Landtag wohl hinter dem unverfänglichen Sonderkennzeichen THL. Wäre aber gar nicht notwendig gewesen! Denn von Ausnahmen abgesehen, kommen die Erfurter als Kraftfahrer erstaunlich gut weg. Was macht es schon, gelegentlich als **E**rsatz**F**ahrer bespöttelt oder wegen **E**igenartiger **F**ahrweise belächelt zu werden, wenn man doch überwiegend als **E**in **F**reund, **E**in **F**litzer, als **E**ngel **F** oder gar als **E**rotischer **F**ahrer angesehen wird. Auch **E**iner **F**lirtet klingt ja nicht übel.

NDH – Die Nordhäuser waren einst als Branntweinpisser oder Priemköppe verschrien. Heute können sich alle Kraftfahrer mit Nordhäuser Kennzeichen überlegen, ob sie lieber als **N**eu **D**eutsche **H**einis oder **N**ord **D**eutsche **H**unde bezeichnet werden möchten. Das klingt immerhin interessanter als: **N**ur **D**oofe **H**ier. Geradezu liebenswert klingt dagegen die neue neckische Bezeichnung **N**arren **D**es **H**arzes.

HBN – Wer mag uns bloß den Namen **H**a**B**e**N**ichtse verpasst haben, grübelte man in Hildburghausen und Umgebung nach Einführung des neuen HBN-Kennzeichens. Inzwischen ist man überzeugt: Das können nur die **C**haotischen **O**chsen (CO=Coburg) und **K**asper **C**lowns (KC=Kronach) aus dem wohlhabenden südlichen Nachbarland gewesen sein. Die dann auch Bezeichnungen wie **H**oneckers **B**escheuerte **N**achkommen oder **H**oneckers **B**este **N**achfolger ausgeheckt haben und für Schmeicheleien wie **H**alb **B**linde **N**ieten und **H**irnlos **B**linde **N**ieten verantwortlich sein dürften.

ABG – Viele Auto-Schmähsprüche sind Scherze der groben Art, die empfindsame Gemüter tief verletzen können. Altenburger Optimisten finden aber selbst hinter dem gröbsten Scherz noch ein verstecktes Kompliment. Und sie haben völlig recht. So wird mit **A**pfel **B**irne **G**urke letztlich nur die hochentwickelte Landwirtschaft und Gartenkultur des Altenburger Landes gewürdigt und mit **ABG**as seine einstmals blühende Braunkohlenindustrie. **A**chtung! **B**esoffen und **G**eil beschreibt dann nichts anderes als die sprichwörtliche Lebensfreude der Altenburger und **A**lt **B**ekannter **G**auner deren Geschäftstüchtigkeit. Humor ist, wenn man trotzdem lacht!

Literaturverzeichnis

Alle häng ewer schwäng. Geschwenda 1998.

Efrischendes aus der Region. Spitznamen aus dem Landkreis Nordhausen, Auleben 1999.

Grambs, Heinz: An den Spitznamen sollst du sie erkennen …, Schalkau 1999.

Grudzielski, Elvira: Rund um den Fröbelturm: Von Menschen, Geschichten und Originalen … Bd. 2, Horb am Neckar 2000.

Hohberg, Rainer: Thüringen. Reisebegleiter zu geheimnisvollen Sagenplätzen. Greiz 2008.

Quensel, Paul: Thüringer Sagen, Jena 1926.

Rockstuhl, Harald: Hainich Sagenbuch, 2. Auflage, Bad Langensalza 2006.

Rosenkranz, Heinz: Ortsnecknamen und Einwohnernecknamen im Thüringischen, in: Deutsches Jahrbuch für Volkskunde, 14. Bd., 1968, S. 56-83.

Thüringisches Wörterbuch. Auf der Grundlage der Sammlung von V. Michels und H. Hucke, fortgesetzt unter Leitung von K. Spangenberg und W. Lösch, weitergeführt von S. Wiegand, Berlin 1966 ff.

Uthleb, Simone: Illustrierte Necknamen aus dem Eichsfeld, 2. Auflage, Auleben 1999.

Wähler, Martin: Thüringische Volkskunde, Jena 1940.

Witzschel, August: Sagen, Sitten und Gebräuche aus Thüringen, 2. Teil, Wien 1878.

Zimmermann, Wolfgang: Miss Baba - Abenteuer einer indischen Elefantenkuh: Kurioses und Amüsantes - vor und nach ihrem Tode, Gotha 1988.

Zippel, Horst: De Rehrleskouch'n. Plaudereien über die Ortsnecknamen im Kreis Lobenstein, Gera 1989.

Ortsverzeichnis

Albrechts (SHL)
Allrode i. Sachsen-Anhalt(HZ)
Altendambach (HBN)
Apolda (AP)
Asbach-Sickenberg (EIC)
Bad Blankenburg (SLF)
Bad Lobenstein (SOK)
Bechstedt (SLF
Bernterode (EIC)
Bleicherode (NDH)
Bürgel (SHK)
Buttstädt (SÖM)
Cobstädt (GTH)
Dippach (WAK)
Eichicht (SLF)
Eisfeld (HBN)
Erfurt (EF)
Falken (WAK)
Felchta (UH)
Friedrichroda (GTH)
Fröbitz (SLF)
Gebersdorf (SON)
Gera (G)
Goldlauter-Heidersbach (SHL)
Gösseldorf (SLF)
Großbreitenbach (IK)
Gudersleben (NDH)
Heiligenstadt (EIC)
Herbsleben (UH)
Hinternah (SHL)

Allendorf (SLF)
Altenburg (ABG)
Ammern (UH)
Aschara (UH)
Bachfeld (SON)
Bad Langensalza (UH)
Bebendorf (EIC)
Bechstedt (SLF)
Beuren (EIC)
Bollerode (WAK)
Buttelstedt (AP)
Camsdorf (J)
Coburg/Unterfranken (CO)
Döschnitz (SLF)
Eisenach (EA)
Engerda (SLF)
Ernstthal (SON)
Faulungen (EIC)
Frankenhausen (KYF)
Friesau (SOK)
Fröbitz (SLF) (3)
Gehren (IK)
Goldisthal (SON)
Göschwitz (J)
Greiz (GRZ)
Großneundorf (SLF)
Heberndorf (SLF)
Heldrungen (KYF)
Hildburghausen (HBN)
Horschlitt (WAK)

Ilmenau (IK)
Jena (J)
Kaulsdorf (SLF)
Kölleda (SÖM)
Kronach/Unterfranken (KC)
Laasan (J)
Lauchröden (WAK)
Lichte (SON)
Lutter (EIC)
Manebach (IK)
Marksuhl (WAK)
Meiningen (SM)
Möhra (WAK)
Mühlhausen (UH)
Neustadt (IK)
Niederreißen (AP)
Nordhausen (NDH)
Oberschöbling (SOK)
Ölze (SON)
Orlamünde (SOK)
Ottstedt a. Berge (AP)
Piesau (SLF)
Reiser (UH)
Rothenstein (SHK)
Rüdigsdorf (NDH)
Ruhla (WAK)
Scheibe (SON)
Schlotheim (UH)
Schönbrunn (SOK)
Schwarza (SOK)
Seisla (SOK)
Sollstedt (NDH)
Sparnberg (SOK)
Stedtlingen (SM)
Steinach (WAK)

Jagdshof (SON)
Jützenbach (EIC)
Kieselbach (WAK)
Kranichborn (EF)
Kunitz (J)
Langgrün (SOK)
Leimbach (NDH)
Lobeda (J)
Manebach (IK)
Marisfeld (SHL)
Mauderode (NDH)
Milda (SHK)
Mühlberg (GTH)
Neuhaus (SON)
Neustadt (SOK)
Niederroßla (AP)
Oberhain (SLF)
Oelknitz (SHK)
Oppershausen (UH)
Oßla (SOK)
Pausa i. Sachsen (PL)
Rauenstein (SON)
Roda (IK)
Rottenbach (SLF)
Rudolstadt (SLF)
Saalfeld (SLF)
Schleiz (SOK)
Schmalkalden (SM)
Schöten (AP)
Schwarzburg (SLF)
Siegmundsburg (SON)
Sonneberg (SON)
Stadtroda (SHK)
Steinach (SON)
Steinheid (SON)

Stockhausen (WAK)
Suhl (SHL)
Themar (HBN)
Triebes (GRZ)
Vacha (WAK)
Wachenbrunn (HBN)
Westhausen (EIC)
Wickersdorf (SLF)
Wolfsbehringen (WAK)
Wurzbach (SOK)
Ziegenrück (SOK)

Stützerbach (IK)
Tanna (SOK)
Trebra (KYF)
Unterweißbach (SOK)
Vitzeroda (WAK)
Weira (SOK)
Wickendorf i. Frankenwald
Wilbich (EIC)
Wundersleben (SÖM)
Zeulenroda (GRZ)
Zwätzen (J)